BIBLIOTHÈQUE
PORTATIVE
DU VOYAGEUR.

IMPRIMERIE DE C. L. F. PANCKOUCKE.

ŒUVRES
DE
J. B. POQUELIN
DE MOLIÈRE.

TOME SIXIÈME.

PARIS,
CHEZ T. DESOER, LIBRAIRE, RUE POUPÉE, N°. 7.
A LIÉGE,
CHEZ J. F. DESOER, IMPRIMEUR-LIBRAIRE.

1815.

LE BOURGEOIS GENTILHOMME,

COMÉDIE - BALLET

EN CINQ ACTES.

1670.

PERSONNAGES DE LA COMÉDIE.

Monsieur Jourdain, bourgeois.
Madame Jourdain.
Lucile, fille de monsieur Jourdain.
Cléonte, amant de Lucile.
Dorimène, marquise.
Dorante, comte, amant de Dorimène.
Nicole, servante de monsieur Jourdain.
Covielle, valet de Cléonte.
Un maître de musique.
Un élève du maître de musique.
Un maître a danser.
Un maître d'armes.
Un maître de philosophie.
Un maître tailleur.
Un garçon tailleur.
Deux laquais.

PERSONNAGES DU BALLET.

DANS LE PREMIER ACTE.

Une musicienne.
Deux musiciens.
Danseurs.

DANS LE SECOND ACTE.

Garçons tailleurs dansants.

PERSONNAGES DU BALLET.

DANS LE TROISIÈME ACTE.

CUISINIERS dansants.

DANS LE QUATRIÈME ACTE.
CÉRÉMONIE TURQUE.

LE MUFTI.
TURCS ASSISTANTS DU MUFTI, chantants.
DERVIS chantants.
TURCS dansants.

La scène est à Paris, dans la maison de M. Jourdain.

LE BOURGEOIS GENTILHOMME,

COMÉDIE - BALLET.

ACTE PREMIER.

SCÈNE I.

UN MAITRE DE MUSIQUE; UN ÉLÈVE *du maître de musique, composant sur une table qui est au milieu du théâtre;* UNE MUSICIENNE, DEUX MUSICIENS, UN MAITRE A DANSER, DANSEURS.

LE MAITRE DE MUSIQUE, *aux musiciens.*

VENEZ, entrez dans cette salle, et vous reposez là, en attendant qu'il vienne.

LE MAITRE A DANSER, *aux danseurs.*
Et vous aussi, de ce côté.

LE MAITRE DE MUSIQUE, *à son élève.*
Est-ce fait ?

L'ÉLÈVE.

Oui.

LE MAÎTRE DE MUSIQUE.

Voyons... Voilà qui est bien.

LE MAÎTRE A DANSER.

Est-ce quelque chose de nouveau ?

LE MAÎTRE DE MUSIQUE.

Oui. C'est un air pour une sérénade que je lui ai fait composer ici, en attendant que notre homme fût éveillé.

LE MAÎTRE A DANSER.

Peut-on voir ce que c'est ?

LE MAÎTRE DE MUSIQUE.

Vous l'allez entendre, avec le dialogue, quand il viendra. Il ne tardera guère.

LE MAÎTRE A DANSER.

Nos occupations, à vous et à moi, ne sont pas petites maintenant.

LE MAÎTRE DE MUSIQUE.

Il est vrai. Nous avons trouvé ici un homme comme il nous le faut à tous deux. Ce nous est une douce rente que ce monsieur Jourdain, avec les visions de noblesse et de galanterie qu'il est allé se mettre en tête ; et votre danse et ma musique auraient à souhaiter que tout le monde lui ressemblât.

LE MAÎTRE A DANSER.

Non pas entièrement ; et je voudrais, pour lui, qu'il se connût mieux qu'il ne fait aux choses que nous lui donnons.

LE MAÎTRE DE MUSIQUE.

Il est vrai qu'il les connaît mal, mais il les paie bien ; et c'est de quoi maintenant nos arts ont plus besoin que de toute autre chose.

LE MAÎTRE A DANSER.

Pour moi, je vous l'avoue, je me repais un peu de gloire. Des applaudissements me touchent ; et je tiens que, dans tous les beaux arts, c'est un supplice assez fâcheux que de se produire à des sots, que d'essuyer sur des compositions la barbarie d'un stupide. Il y a plaisir, ne m'en parlez point, à travailler pour des personnes qui soient capables de sentir les délicatesses d'un art, qui sachent faire un doux accueil aux beautés d'un ouvrage, et, par de chatouillantes approbations, vous régaler de votre travail. Oui, la récompense la plus agréable qu'on puisse recevoir des choses que l'on fait, c'est de les voir connues, de les voir caressées d'un applaudissement qui vous honore. Il n'y a rien, à mon avis, qui nous paie mieux que cela de toutes nos fatigues ; et ce sont des douceurs exquises que des louanges éclairées.

LE MAÎTRE DE MUSIQUE.

J'en demeure d'accord ; et je les goûte comme vous. Il n'y a rien assurément qui chatouille davantage que les applaudissements que vous dites ; mais cet encens ne fait pas vivre. Des louanges toutes pures ne mettent point un homme à son aise, il y faut mêler du solide ; et la meilleure façon de louer, c'est de louer avec les mains. C'est un homme, à la vérité, dont les lumières sont petites; qui parle à tort et à travers de toutes choses, et n'applaudit qu'à contre-sens; mais son argent redresse les jugements de son esprit; il a du discernement dans sa bourse; ses louanges sont monnoyées; et ce bourgeois ignorant nous vaut mieux, comme vous voyez, que le grand seigneur éclairé qui nous a introduits ici.

LE MAÎTRE A DANSER.

Il y a quelque chose de vrai dans ce que vous dites; mais je trouve que vous appuyez un peu trop sur l'argent; et l'intérêt est quelque chose de si bas, qu'il ne faut jamais qu'un honnête homme montre pour lui de l'attachement.

LE MAÎTRE DE MUSIQUE.

Vous recevez fort bien pourtant l'argent que notre homme vous donne.

LE MAÎTRE A DANSER.

Assurément; mais je n'en fais pas tout mon bonheur, et je voudrais qu'avec son bien il eût encore quelque bon goût des choses.

LE MAÎTRE DE MUSIQUE.

Je le voudrais aussi; et c'est à quoi nous travaillons tous deux autant que nous pouvons. Mais, en tout cas, il nous donne moyen de nous faire connaître dans le monde; et il paiera pour les autres ce que les autres loueront pour lui.

LE MAÎTRE A DANSER.

Le voilà qui vient.

SCÈNE II.

M. JOURDAIN, *en robe de chambre et en bonnet de nuit;* LE MAITRE DE MUSIQUE, LE MAITRE A DANSER, L'ELEVE *du maître de musique,* UNE MUSICIENNE, DEUX MUSICIENS, DANSEURS, DEUX LAQUAIS.

M. JOURDAIN.

Hé bien, messieurs, qu'est-ce? Me ferez-vous voir votre petite drôlerie?

LE MAÎTRE A DANSER.

Comment! quelle petite drôlerie?

M. JOURDAIN.

Hé! là.... comment appelez-vous cela? votre prologue ou dialogue de chansons et de danse?

LE MAÎTRE A DANSER.

Ah! ah!

LE MAÎTRE DE MUSIQUE.

Vous nous y voyez préparés.

M. JOURDAIN.

Je vous ai fait un peu attendre; mais c'est que je me fais habiller aujourd'hui comme les gens de qualité, et mon tailleur m'a envoyé des bas de soie que j'ai pensé ne mettre jamais.

LE MAÎTRE DE MUSIQUE.

Nous ne sommes ici que pour attendre votre loisir.

M. JOURDAIN.
Je vous prie tous deux de ne vous point en aller, qu'on ne m'ait apporté mon habit, afin que vous me puissiez voir.

LE MAÎTRE A DANSER.
Tout ce qu'il vous plaira.

M. JOURDAIN.
Vous me verrez équipé comme il faut, depuis les pieds jusqu'à la tête.

LE MAÎTRE DE MUSIQUE.
Nous n'en doutons point.

M. JOURDAIN.
Je me suis fait faire cette indienne-ci.

LE MAÎTRE A DANSER.
Elle est fort belle.

M. JOURDAIN.
Mon tailleur m'a dit que les gens de qualité étaient comme cela le matin.

LE MAÎTRE DE MUSIQUE.
Cela vous sied à merveille.

M. JOURDAIN.
Laquais! holà, mes deux laquais!

PREMIER LAQUAIS.
Que voulez-vous, monsieur?

M. JOURDAIN.
Rien. C'est pour voir si vous m'entendez bien. (*au maître de musique et au maître à danser.*) Que dites-vous de mes livrées?

LE MAÎTRE A DANSER.
Elles sont magnifiques.

ACTE I, SCÈNE II.

M. JOURDAIN, *entr'ouvrant sa robe, et faisant voir son haut-de-chausses étroit de velours rouge, et sa camisole de velours vert.*

Voici encore un petit déshabillé pour faire le matin mes exercices.

LE MAÎTRE DE MUSIQUE.

Il est galant.

M. JOURDAIN.

Laquais.

PREMIER LAQUAIS.

Monsieur.

M. JOURDAIN.

L'autre laquais.

SECOND LAQUAIS.

Monsieur.

M. JOURDAIN, *ôtant sa robe de chambre.*

Tenez ma robe. (*au maître de musique et au maître à danser.*) Me trouvez-vous bien comme cela ?

LE MAÎTRE A DANSER.

Fort bien. On ne peut pas mieux.

M. JOURDAIN.

Voyons un peu votre affaire.

LE MAÎTRE DE MUSIQUE.

Je voudrais bien auparavant vous faire entendre un air (*montrant son élève.*) qu'il vient de composer pour la sérénade que vous m'avez demandée. C'est un de mes écoliers, qui a pour ces sortes de choses un talent admirable.

M. JOURDAIN.

Oui ; mais il ne fallait pas faire faire cela par un écolier ; et vous n'étiez pas trop bon vous-même pour cette besogne-là.

LE MAÎTRE DE MUSIQUE.

Il ne faut pas, monsieur, que le nom d'écolier vous abuse. Ces sortes d'écoliers en savent autant que les plus grands maîtres ; et l'air est aussi beau qu'il s'en puisse faire. Ecoutez seulement.

M. JOURDAIN, *à ses laquais.*

Donnez-moi ma robe pour mieux entendre... Attendez, je crois que je serai mieux sans robe... Non, redonnez-la moi ; cela ira mieux.

LA MUSICIENNE.

Je languis nuit et jour, et mon mal est extrême
Depuis qu'à vos rigueurs vos beaux yeux m'ont
    soumis ;
Si vous traitez ainsi, belle Iris, qui vous aime,
Hélas ! que pourriez-vous faire à vos ennemis ?

M. JOURDAIN.

Cette chanson me semble un peu lugubre ; elle endort ; et je voudrais que vous la pussiez un peu ragaillardir par-ci par-là.

LE MAÎTRE DE MUSIQUE.

Il faut, monsieur, que l'air soit accommodé aux paroles.

M. JOURDAIN.

On m'en apprit un tout-à-fait joli il y a quelque temps. Attendez.... là.... Comment est-ce qu'il dit ?

ACTE I, SCÈNE II.

LE MAÎTRE A DANSER.

Par ma foi, je ne sais.

M. JOURDAIN.

Il y a du mouton dedans.

LE MAÎTRE A DANSER.

Du mouton ?

M. JOURDAIN.

Oui. Ah ! (*Il chante.*)

    Je croyais Janneton
    Aussi douce que belle ;
    Je croyais Janneton
    Plus douce qu'un mouton.
Hélas ! hélas ! elle est cent fois,
    Mille fois plus cruelle
    Que n'est le tigre aux bois.

N'est-il pas joli ?

LE MAÎTRE DE MUSIQUE.

Le plus joli du monde.

LE MAÎTRE A DANSER.

Et vous le chantez bien.

M. JOURDAIN.

C'est sans avoir appris la musique.

LE MAÎTRE DE MUSIQUE.

Vous devriez l'apprendre, monsieur, comme vous faites la danse. Ce sont deux arts qui ont une étroite liaison ensemble.

LE MAÎTRE A DANSER.

Et qui ouvrent l'esprit d'un homme aux belles choses.

M. JOURDAIN.

Est-ce que les gens de qualité apprennent aussi la musique?

LE MAÎTRE DE MUSIQUE.

Oui, monsieur.

M. JOURDAIN.

Je l'apprendrai donc. Mais je ne sais quel temps je pourrai prendre; car, outre le maître d'armes qui me montre, j'ai arrêté encore un maître de philosophie, qui doit commencer ce matin.

LE MAÎTRE DE MUSIQUE.

La philosophie est quelque chose; mais la musique, monsieur, la musique...

LE MAÎTRE A DANSER.

La musique et la danse... La musique et la danse, c'est là tout ce qu'il faut.

LE MAÎTRE DE MUSIQUE.

Il n'y a rien qui soit si utile dans un état que la musique.

LE MAÎTRE A DANSER.

Il n'y a rien qui soit si nécessaire aux hommes que la danse.

LE MAÎTRE DE MUSIQUE.

Sans la musique un état ne peut subsister.

LE MAÎTRE A DANSER.

Sans la danse un homme ne saurait rien faire.

LE MAÎTRE DE MUSIQUE.

Tous les désordres, toutes les guerres qu'on voit dans le monde, n'arrivent que pour n'apprendre pas la musique.

ACTE I, SCÈNE II.

LE MAÎTRE A DANSER.

Tous les malheurs des hommes, tous les revers funestes dont les histoires sont remplies, les bévues des politiques, les manquements des grands capitaines, tout cela n'est venu que faute de savoir danser.

M. JOURDAIN.

Comment cela ?

LE MAÎTRE DE MUSIQUE.

La guerre ne vient-elle pas d'un manque d'union entre les hommes ?

M. JOURDAIN.

Cela est vrai.

LE MAÎTRE DE MUSIQUE.

Et si tous les hommes apprenaient la musique, ne serait-ce pas le moyen de s'accorder ensemble, et de voir dans le monde la paix universelle ?

M. JOURDAIN.

Vous avez raison.

LE MAÎTRE A DANSER.

Lorsqu'un homme a commis un manquement dans sa conduite, soit aux affaires de sa famille, ou au gouvernement d'un état, ou au commandement d'une armée, ne dit-on pas toujours, Un tel a fait un mauvais pas dans une telle affaire ?

M. JOURDAIN.

Oui, on dit cela.

LE MAÎTRE A DANSER.

Et faire un mauvais pas, peut-il procéder d'autre chose que de ne savoir pas danser ?

M. JOURDAIN.
Cela est vrai, et vous avez raison tous deux.
LE MAÎTRE A DANSER.
C'est pour vous faire voir l'excellence et l'utilité de la danse et de la musique.
M. JOURDAIN.
Je comprends cela à cette heure.
LE MAÎTRE DE MUSIQUE.
Voulez-vous voir nos deux affaires?
M. JOURDAIN.
Oui.
LE MAÎTRE DE MUSIQUE.
Je vous l'ai déjà dit, c'est un petit essai que j'ai fait autrefois des diverses passions que peut exprimer la musique.
M. JOURDAIN.
Fort bien.

LE MAÎTRE DE MUSIQUE, *aux musiciens.*

Allons, avancez. (*à M. Jourdain.*) Il faut vous figurer qu'ils sont habillés en bergers.
M. JOURDAIN.
Pourquoi toujours des bergers? On ne voit que cela partout.
LE MAÎTRE A DANSER.
Lorsqu'on a des personnes à faire parler en musique, il faut bien que, pour la vraisemblance, on donne dans la bergerie. Le chant a été de tout temps affecté aux bergers; et il n'est guère natu-

rel, en dialogue, que des princes ou des bourgeois chantent leurs passions.

M. JOURDAIN.

Passe, passe. Voyons.

DIALOGUE EN MUSIQUE.

UNE MUSICIENNE, DEUX MUSICIENS.

LA MUSICIENNE.

Un cœur, dans l'amoureux empire,
De mille soins est toujours agité :
On dit qu'avec plaisir on languit, on soupire ;
 Mais, quoi qu'on puisse dire,
Il n'est rien de si doux que notre liberté.

PREMIER MUSICIEN.

Il n'est rien de si doux que les tendres ardeurs
 Qui font vivre deux cœurs
 Dans une même envie :
On ne peut être heureux sans amoureux désirs ;
 Otez l'amour de la vie,
 Vous en ôtez les plaisirs.

SECOND MUSICIEN.

Il serait doux d'entrer sous l'amoureuse loi,
 Si l'on trouvait en amour de la foi :
 Mais, hélas! ô rigueurs cruelles!
 On ne voit point de bergères fidèles ;
Et ce sexe inconstant, trop indigne du jour,
Doit faire pour jamais renoncer à l'amour.

PREMIER MUSICIEN.
Aimable ardeur!...
LA MUSICIENNE.
Franchise heureuse!...
SECOND MUSICIEN.
Sexe trompeur!...
PREMIER MUSICIEN.
Que tu m'es précieuse!
LA MUSICIENNE.
Que tu plais à mon cœur!
SECOND MUSICIEN.
Que tu me fais d'horreur!
PREMIER MUSICIEN.
Ah! quitte, pour aimer, cette haine mortelle.
LA MUSICIENNE.
On peut, on peut te montrer
Une bergère fidèle.
SECOND MUSICIEN.
Hélas! où la rencontrer?
LA MUSICIENNE.
Pour défendre notre gloire,
Je te veux offrir mon cœur.
SECOND MUSICIEN.
Mais, bergère, puis-je croire
Qu'il ne sera point trompeur?
LA MUSICIENNE.
Voyons par expérience
Qui des deux aimera mieux.

SECOND MUSICIEN.
Qui manquera de constance,
Le puissent perdre les dieux !
TOUS TROIS ENSEMBLE.
A des ardeurs si belles
Laissons-nous enflammer :
Ah ! qu'il est doux d'aimer
Quand deux cœurs sont fidèles !
M. JOURDAIN.
Est-ce tout ?
LE MAÎTRE DE MUSIQUE.
Oui.
M. JOURDAIN.
Je trouve cela bien troussé ; et il y a là-dedans de petits dictons assez jolis.
LE MAÎTRE A DANSER.
Voici, pour mon affaire, un petit essai des plus beaux mouvements et des plus belles attitudes dont une danse puisse être variée.
M. JOURDAIN.
Sont-ce encore des bergers ?
LE MAÎTRE A DANSER.
C'est ce qu'il vous plaira. (*aux danseurs.*) Allons.

ENTRÉE DE BALLET.

Quatre danseurs exécutent tous les mouvements différents et toutes les sortes de pas que le maître à danser leur commande.

FIN DU PREMIER ACTE.

ACTE SECOND.

SCÈNE I.

M. JOURDAIN, LE MAITRE A DANSER, LE MAITRE DE MUSIQUE.

M. JOURDAIN.

Voila qui n'est point sot, et ces gens-là se trémoussent bien.

LE MAÎTRE DE MUSIQUE.

Lorsque la danse sera mêlée avec la musique, cela fera plus d'effet encore; et vous verrez quelque chose de galant dans le petit ballet que nous avons ajusté pour vous.

M. JOURDAIN.

C'est pour tantôt au moins; et la personne pour qui j'ai fait faire tout cela me doit faire l'honneur de venir dîner céans.

LE MAÎTRE A DANSER.

Tout est prêt.

LE MAÎTRE DE MUSIQUE.

Au reste, monsieur, ce n'est pas assez; il faut qu'une personne comme vous, qui êtes magnifique, et qui avez de l'inclination pour les belles choses, ait un concert de musique chez soi tous les mercredis, ou tous les jeudis.

ACTE II, SCÈNE I.
M. JOURDAIN.
Est-ce que les gens de qualité en ont?
LE MAÎTRE DE MUSIQUE.
Oui, monsieur.
M. JOURDAIN.
J'en aurai donc. Cela sera-t-il beau?
LE MAÎTRE DE MUSIQUE.
Sans doute. Il vous faudra trois voix, un dessus, une haute-contre, et une basse, qui seront accompagnées d'une basse de viole, d'un théorbe, et d'un clavecin pour les basses continues, avec deux dessus de violon pour jouer les ritournelles.
M. JOURDAIN.
Il y faudra mettre aussi une trompette marine. La trompette marine est un instrument qui me plaît, et qui est harmonieux.
LE MAÎTRE DE MUSIQUE.
Laissez-nous gouverner les choses.
M. JOURDAIN.
Au moins, n'oubliez pas tantôt de m'envoyer des musiciens pour chanter à table.
LE MAÎTRE DE MUSIQUE.
Vous aurez tout ce qu'il vous faut.
M. JOURDAIN.
Mais sur-tout que le ballet soit beau.
LE MAÎTRE DE MUSIQUE.
Vous en serez content, et, entre autres choses, de certains menuets que vous y verrez.

M. JOURDAIN.

Ah ! les menuets sont ma danse, et je veux que vous me le voyiez danser. Allons, mon maître.

LE MAÎTRE A DANSER.

Un chapeau, monsieur, s'il vous plaît.

(*M. Jourdain va prendre le chapeau de son laquais, et le met par-dessus son bonnet de nuit. Son maître lui prend les mains, et le fait danser sur un air de menuet qu'il chante).*

La, la, la, la, la, la,
La, la, la, la, la, la, la,
La, la, la, la, la, la,
La, la, la, la, la, la,
La, la, la, la, la. En
cadence, s'il vous plaît. La,
La, la, la, la. La jambe
droite. La, la, la.
Ne remuez point tant les épaules.
La, la, la, la, la, la, la, la, la, la.
Vos deux bras sont estropiés.
La, la, la, la, la. Haussez la tête.
Tournez la pointe du pied en dehors.
La, la, la. Dressez votre corps.

M. JOURDAIN.

Hé !

LE MAÎTRE DE MUSIQUE.

Voilà qui est le mieux du monde.

M. JOURDAIN.

A propos, apprenez-moi comme il faut faire

une révérence pour saluer une marquise ; j'en aurai besoin tantôt.

LE MAÎTRE A DANSER.

Une révérence pour saluer une marquise ?

M. JOURDAIN.

Oui, une marquise qui s'appelle Dorimène.

LE MAÎTRE A DANSER.

Donnez-moi la main.

M. JOURDAIN.

Non ; vous n'avez qu'à faire, je le retiendrai bien.

LE MAÎTRE A DANSER.

Si vous voulez la saluer avec beaucoup de respect, il faut faire d'abord une révérence en arrière, puis marcher vers elle avec trois révérences en avant, et à la dernière vous baissez jusqu'à ses genoux.

M. JOURDAIN.

Faites un peu. (*après que le maître à danser a fait trois révérences.*) Bon.

SCÈNE II.

M. JOURDAIN, LE MAITRE DE MUSIQUE, LE MAITRE A DANSER, UN LAQUAIS.

LE LAQUAIS.

Monsieur, voilà votre maître d'armes qui est là.

M. JOURDAIN.

Dis-lui qu'il entre ici pour me donner leçon. (*au maître de musique et au maître à danser.*) Je veux que vous me voyiez faire.

SCÈNE III.

M. JOURDAIN, UN MAITRE D'ARMES, LE MAITRE DE MUSIQUE, LE MAITRE A DANSER; UN LAQUAIS, *tenant deux fleurets.*

LE MAÎTRE D'ARMES, *après avoir pris les deux fleurets de la main du laquais, et en avoir présenté un à M. Jourdain.*

Allons, monsieur, la révérence. Votre corps droit; un peu penché sur la cuisse gauche. Les jambes point tant écartées. Vos pieds sur une même ligne. Votre poignet à l'opposite de votre hanche. La pointe de votre épée vis-à-vis de votre épaule. Le bras pas tout-à-fait si étendu. La main gauche à la hauteur de l'œil. L'épaule gauche plus quarrée. La tête droite. Le regard assuré. Avancez. Le corps ferme. Touchez-moi l'épée de quarte, et achevez de même. Une, deux. Remettez-vous. Redoublez de pied ferme. Une, deux. Un saut en arrière. Quand vous portez la botte, monsieur, il faut que l'épée parte la première, et que le corps soit bien effacé. Une, deux. Allons, touchez-moi l'épée de tierce, et achevez de même. Avancez. Le corps ferme. Avancez. Partez de là. Une, deux. Remettez-vous. Redoublez. Une, deux. Un saut en arrière. En garde, monsieur, en garde.

(*Le maître d'armes lui pousse deux ou trois bottes, en lui disant, En garde*).

ACTE II, SCÈNE III.

M. JOURDAIN.

Hé!

LE MAÎTRE DE MUSIQUE.

Vous faites des merveilles.

LE MAÎTRE D'ARMES.

Je vous l'ai déjà dit, tout le secret des armes ne consiste qu'en deux choses ; à donner, et à ne point recevoir : et, comme je vous fis voir l'autre jour par raison démonstrative, il est impossible que vous receviez, si vous savez détourner l'épée de votre ennemi de la ligne de votre corps ; ce qui ne dépend seulement que d'un petit mouvement du poignet, ou en dedans, ou en dehors.

M. JOURDAIN.

De cette façon donc un homme, sans avoir du cœur, est sûr de tuer son homme, et de n'être point tué ?

LE MAÎTRE D'ARMES.

Sans doute. N'en vîtes-vous pas la démonstration ?

M. JOURDAIN.

Oui.

LE MAÎTRE D'ARMES.

Et c'est en quoi l'on voit de quelle considération nous autres nous devons être dans un état, et combien la science des armes l'emporte hautement sur toutes les autres sciences inutiles, comme la danse, la musique, la...

LE MAÎTRE A DANSER.

Tout beau ! monsieur le tireur d'armes, ne parlez de la danse qu'avec respect.

LE MAÎTRE DE MUSIQUE.

Apprenez, je vous prie, à mieux traiter l'excellence de la musique.

LE MAÎTRE D'ARMES.

Vous êtes de plaisantes gens, de vouloir comparer vos sciences à la mienne !

LE MAÎTRE DE MUSIQUE.

Voyez un peu l'homme d'importance !

LE MAÎTRE A DANSER.

Voilà un plaisant animal avec son plastron !

LE MAÎTRE D'ARMES.

Mon petit maître à danser, je vous ferais danser comme il faut. Et vous, mon petit musicien, je vous ferais chanter de la belle manière.

LE MAÎTRE A DANSER.

Monsieur le batteur de fer, je vous apprendrai votre métier.

M. JOURDAIN, *au maître à danser.*

Êtes-vous fou de l'aller quereller, lui qui entend la tierce et la quarte, et qui sait tuer un homme par raison démonstrative ?

LE MAÎTRE A DANSER.

Je me moque de sa raison démonstrative, et de sa tierce et de sa quarte.

M. JOURDAIN, *au maître à danser.*

Tout doux, vous dis-je.

ACTE II, SCÈNE III.

LE MAÎTRE D'ARMES, *au maître à danser*.
Comment, petit impertinent!

M. JOURDAIN.
Hé! mon maître d'armes!

LE MAÎTRE A DANSER, *au maître d'armes*.
Comment, grand cheval de carrosse!

M. JOURDAIN.
Hé! mon maître à danser!

LE MAÎTRE D'ARMES.
Si je me jette sur vous...

M. JOURDAIN, *au maître d'armes*.
Doucement!

LE MAÎTRE A DANSER.
Si je mets sur vous la main...

M. JOURDAIN, *au maître à danser*.
Tout beau!

LE MAÎTRE D'ARMES.
Je vous étrillerai d'un air...

M. JOURDAIN, *au maître d'armes*.
De grâce!

LE MAÎTRE A DANSER.
Je vous rosserai d'une manière...

M. JOURDAIN, *au maître à danser*.
Je vous prie.

LE MAÎTRE DE MUSIQUE.
Laissez-nous un peu lui apprendre à parler.

M. JOURDAIN, *au maître de musique*.
Mon dieu! arrêtez-vous.

SCÈNE IV.

UN MAITRE DE PHILOSOPHIE, M. JOURDAIN, LE MAITRE DE MUSIQUE, LE MAITRE A DANSER, LE MAITRE D'ARMES, UN LAQUAIS.

M. JOURDAIN.

Holà, monsieur le philosophe, vous arrivez tout à propos avec votre philosophie. Venez un peu mettre la paix entre ces personnes-ci.

LE MAÎTRE DE PHILOSOPHIE.

Qu'est-ce donc? Qu'y a-t-il, messieurs?

M. JOURDAIN.

Ils se sont mis en colère pour la préférence de leurs professions, jusqu'à se dire des injures et en vouloir venir aux mains.

LE MAÎTRE DE PHILOSOPHIE.

Hé quoi! messieurs, faut-il s'emporter de la sorte? Et n'avez-vous point lu le docte traité que Sénèque a composé de la colère? Y a-t-il rien de plus bas et de plus honteux que cette passion, qui fait d'un homme une bête féroce? et la raison ne doit-elle pas être maîtresse de tous nos mouvements?

LE MAÎTRE A DANSER.

Comment, monsieur! il vient nous dire des injures à tous deux, en méprisant la danse, que j'exerce, et la musique, dont il fait profession!

LE MAÎTRE DE PHILOSOPHIE.

Un homme sage est au-dessus de toutes les injures qu'on lui peut dire ; et la grande réponse qu'on doit faire aux outrages, c'est la modération et la patience.

LE MAÎTRE D'ARMES.

Ils ont tous deux l'audace de vouloir comparer leurs professions à la mienne !

LE MAÎTRE DE PHILOSOPHIE.

Faut-il que cela vous émeuve ? Ce n'est pas de vaine gloire et de condition que les hommes doivent disputer entre eux ; et ce qui nous distingue parfaitement les uns des autres, c'est la sagesse et la vertu.

LE MAÎTRE A DANSER.

Je lui soutiens que la danse est une science à laquelle on ne peut faire assez d'honneur.

LE MAÎTRE DE MUSIQUE.

Et moi que la musique en est une que tous les siècles ont révérée.

LE MAÎTRE D'ARMES.

Et moi, je leur soutiens à tous deux que la science de tirer les armes est la plus belle et la plus nécessaire de toutes les sciences.

LE MAÎTRE DE PHILOSOPHIE.

Et que sera donc la philosophie ? Je vous trouve tous trois bien impertinents de parler devant moi avec cette arrogance, et de donner impudemment le nom de science à des choses que l'on ne doit pas même honorer du nom d'art, et qui ne peuvent être comprises que sous le nom de métier misérable de gladiateur, de chanteur, et de baladin.

LE MAÎTRE D'ARMES.

Allez, philosophe de chien !

LE MAÎTRE DE MUSIQUE.

Allez, belître de pédant !

LE MAÎTRE A DANSER.

Allez, cuistre fieffé !

LE MAÎTRE DE PHILOSOPHIE.

Comment, marauds que vous êtes !... (*Le philosophe se jette sur eux, et tous trois le chargent de coups.*)

M. JOURDAIN.

Monsieur le philosophe !

LE MAÎTRE DE PHILOSOPHIE.

Infâmes ! coquins ! insolents !

M. JOURDAIN.

Monsieur le philosophe !

LE MAÎTRE D'ARMES.

La peste de l'animal !

M. JOURDAIN.

Messieurs !

LE MAÎTRE DE PHILOSOPHIE.

Impudents !

M. JOURDAIN.

Monsieur le philosophe !

LE MAÎTRE A DANSER.

Diantre soit de l'âne bâté !

M. JOURDAIN.

Messieurs !

LE MAÎTRE DE PHILOSOPHIE.
Scélérats !

M. JOURDAIN.
Monsieur le philosophe !

LE MAÎTRE DE MUSIQUE.
Au diable l'impertinent ?

M. JOURDAIN.
Messieurs !

LE MAÎTRE DE PHILOSOPHIE.
Frippons ! gueux ! traîtres ! imposteurs !

M. JOURDAIN.
Monsieur le philosophe ! Messieurs ! Monsieur le philosophe ! Messieurs ! Monsieur le philosophe ! (*Ils sortent en se battant.*)

SCÈNE V.
M. JOURDAIN, UN LAQUAIS.

M. JOURDAIN.
Oh ! battez-vous tant qu'il vous plaira, je n'y saurais que faire, et je n'irai pas gâter ma robe pour vous séparer. Je serais bien fou de m'aller fourrer parmi eux, pour recevoir quelque coup qui me ferait mal.

SCÈNE VI.
LE MAÎTRE DE PHILOSOPHIE,
M. JOURDAIN, UN LAQUAIS.

LE MAÎTRE DE PHILOSOPHIE, *raccommodant son collet.*

Venons à notre leçon.

M. JOURDAIN.

Ah! monsieur, je suis fâché des coups qu'ils vous ont donnés.

LE MAÎTRE DE PHILOSOPHIE.

Cela n'est rien. Un philosophe sait recevoir comme il faut les choses; et je vais composer contre eux une satyre du style de Juvénal, qui les déchirera de la belle façon. Laissons cela. Que voulez-vous apprendre?

M. JOURDAIN.

Tout ce que je pourrai; car j'ai toutes les envies du monde d'être savant; et j'enrage que mon père et ma mère ne m'aient pas fait bien étudier dans toutes les sciences quand j'étais jeune.

LE MAÎTRE DE PHILOSOPHIE.

Ce sentiment est raisonnable; *nam, sine doctrinâ, vita est quasi mortis imago.* Vous entendez cela, et vous savez le latin, sans doute?

M. JOURDAIN.

Oui; mais faites comme si je ne le savais pas: expliquez-moi ce que cela veut dire.

LE MAÎTRE DE PHILOSOPHIE.

Cela veut dire que, *sans la science, la vie est presque l'image de la mort.*

M. JOURDAIN.

Ce latin-là a raison.

LE MAÎTRE DE PHILOSOPHIE.

N'avez-vous point quelques principes, quelques commencements des sciences?

ACTE II, SCÈNE VI.

M. JOURDAIN.

Oh! oui. Je sais lire et écrire.

LE MAÎTRE DE PHILOSOPHIE.

Par où vous plaît-il que nous commencions? Voulez-vous que je vous apprenne la logique?

M. JOURDAIN.

Qu'est-ce que c'est que cette logique?

LE MAÎTRE DE PHILOSOPHIE.

C'est elle qui enseigne les trois opérations de l'esprit.

M. JOURDAIN.

Qui sont-elles ces trois opérations de l'esprit?

LE MAÎTRE DE PHILOSOPHIE.

La première, la seconde, et la troisième. La première est de bien concevoir, par le moyen des universaux; la seconde, de bien juger, par le moyen des catégories; et la troisième, de bien tirer une conséquence, par le moyen des figures. *Barbara, celarent, Darii, ferio, baralipton,* etc.

M. JOURDAIN.

Voilà des mots qui sont trop rébarbatifs. Cette logique-là ne me revient point. Apprenons autre chose qui soit plus joli.

LE MAÎTRE DE PHILOSOPHIE.

Voulez-vous apprendre la morale?

M. JOURDAIN.

La morale?

LE MAÎTRE DE PHILOSOPHIE.

Oui.

M. JOURDAIN.
Qu'est-ce qu'elle dit, cette morale?
LE MAÎTRE DE PHILOSOPHIE.
Elle traite de la félicité, enseigne aux hommes à modérer leurs passions, et...
M. JOURDAIN.
Non, laissons cela : je suis bilieux comme tous les diables, et il n'y a morale qui tienne ; je me veux mettre en colère tout mon soûl, quand il m'en prend envie.
LE MAÎTRE DE PHILOSOPHIE.
Est-ce la physique que vous voulez apprendre?
M. JOURDAIN.
Qu'est-ce qu'elle chante, cette physique?
LE MAÎTRE DE PHILOSOPHIE.
La physique est celle qui explique les principes des choses naturelles, et les propriétés du corps ; qui discourt de la nature des éléments, des métaux, des minéraux, des pierres, des plantes, et des animaux ; et nous enseigne les causes de tous les météores, l'arc-en-ciel, les feux volants, les comètes, les éclairs, le tonnerre, la foudre, la pluie, la neige, la grêle, les vents, et les tourbillons.
M. JOURDAIN.
Il y a trop de tintamarre là-dedans, trop de brouillamini.
LE MAÎTRE DE PHILOSOPHIE.
Que voulez-vous donc que je vous apprenne?
M. JOURDAIN.
Apprenez-moi l'orthographe.

ACTE II, SCÈNE VI.

LE MAÎTRE DE PHILOSOPHIE.

Très-volontiers.

M. JOURDAIN.

Après, vous m'apprendrez l'almanach, pour savoir quand il y a de la lune, et quand il n'y en a point.

LE MAÎTRE DE PHILOSOPHIE.

Soit. Pour bien suivre votre pensée, et traiter cette matière en philosophe, il faut commencer, selon l'ordre des choses, par une exacte connaissance de la nature des lettres, et de la différente manière de les prononcer toutes. Et là-dessus j'ai à vous dire que les lettres sont divisées en voyelles, ainsi dites voyelles, parce qu'elles expriment les voix ; et en consonnes, ainsi appelées consonnes, parce qu'elles sonnent avec les voyelles, et ne font que marquer les diverses articulations des voix. Il y a cinq voyelles, ou voix, A, E, I, O, U.

M. JOURDAIN.

J'entends tout cela.

LE MAÎTRE DE PHILOSOPHIE.

La voix A se forme en ouvrant fort la bouche ; A.

M. JOURDAIN.

A, A. Oui.

LE MAÎTRE DE PHILOSOPHIE.

La voix E se forme en rapprochant la mâchoire d'en bas de celle d'en-haut, A, E.

M. JOURDAIN.

A, E ; A, E. Ma foi, oui. Ah ! que cela est beau !

LE MAÎTRE DE PHILOSOPHIE.

Et la voix I, en rapprochant encore davantage les mâchoires l'une de l'autre, et écartant les deux coins de la bouche vers les oreilles, A, E, I.

M. JOURDAIN.

A, E, I, I, I, I. Cela est vrai. Vive la science!

LE MAÎTRE DE PHILOSOPHIE.

La voix O se forme en rouvrant les mâchoires et rapprochant les lèvres par les deux coins, le haut et le bas, O.

M. JOURDAIN.

O, O. Il n'y a rien de plus juste. A, E, I, O; I, O. Cela est admirable! I, O; I, O.

LE MAÎTRE DE PHILOSOPHIE.

L'ouverture de la bouche fait justement comme un petit rond qui représente un O.

M. JOURDAIN.

O, O, O. Vous avez raison. O. Ah! la belle chose que de savoir quelque chose!

LE MAÎTRE DE PHILOSOPHIE.

La voix U se forme en rapprochant les dents sans les joindre entièrement, et alongeant les deux lèvres en dehors, les approchant aussi l'une de l'autre sans les joindre tout-à-fait, U.

M. JOURDAIN.

U, U. Il n'y a rien de plus véritable. U.

LE MAÎTRE DE PHILOSOPHIE.

Vos deux lèvres s'alongent comme si vous faisiez la moue; d'où vient que, si vous la voulez faire à quelqu'un, et vous moquer de lui, vous ne sauriez lui dire que U.

M. JOURDAIN.

U, U. Cela est vrai. Ah! que n'ai-je étudié plutôt pour savoir tout cela!

LE MAÎTRE DE PHILOSOPHIE.

Demain nous verrons les autres lettres, qui sont les consonnes.

M. JOURDAIN.

Est-ce qu'il y a des choses aussi curieuses qu'à celles-ci?

LE MAÎTRE DE PHILOSOPHIE.

Sans doute. La consonne D, par exemple, se prononce en donnant du bout de la langue au-dessus des dents d'en haut, DA.

M. JOURDAIN.

DA, DA. Oui. Ah! les belles choses! les belles choses!

LE MAÎTRE DE PHILOSOPHIE.

L'F, en appuyant les dents d'en-haut sur la lèvre de dessous, FA.

M. JOURDAIN.

FA, FA. C'est la vérité. Ah! mon père et ma mère, que je vous veux de mal!

LE MAÎTRE DE PHILOSOPHIE.

Et l'R, en portant le bout de la langue jusqu'au haut du palais; de sorte qu'étant frôlée par l'air qui sort avec force, elle lui cède, et revient toujours au même endroit, faisant une manière de tremblement, R, RA.

M. JOURDAIN.

R, R, RA; R, R, R, R, R, RA. Cela est vrai. Ah! l'habile homme que vous êtes! et que j'ai perdu de temps! R, R, R, RA.

LE MAÎTRE DE PHILOSOPHIE.

Je vous expliquerai à fond toutes ces curiosités.

M. JOURDAIN.

Je vous en prie. Au reste, il faut que je vous fasse une confidence. Je suis amoureux d'une personne de grande qualité, et je souhaiterais que vous m'aidassiez à lui écrire quelque chose dans un petit billet que je veux laisser tomber à ses pieds.

LE MAÎTRE DE PHILOSOPHIE.

Fort bien.

M. JOURDAIN.

Cela sera galant, oui.

LE MAÎTRE DE PHILOSOPHIE.

Sans doute. Sont-ce des vers que vous lui voulez écrire?

M. JOURDAIN.

Non, non, point de vers.

LE MAÎTRE DE PHILOSOPHIE.

Vous ne voulez que de la prose.

M. JOURDAIN.

Non, je ne veux ni prose ni vers.

LE MAÎTRE DE PHILOSOPHIE.

Il faut bien que ce soit l'un ou l'autre.

M. JOURDAIN.

Pourquoi?

LE MAÎTRE DE PHILOSOPHIE.
Par la raison, monsieur, qu'il n'y a pour s'exprimer que la prose ou les vers.

M. JOURDAIN.
Il n'y a que la prose ou les vers ?

LE MAÎTRE DE PHILOSOPHIE.
Non, monsieur. Tout ce qui n'est point prose est vers ; et tout ce qui n'est point vers est prose.

M. JOURDAIN.
Et comme l'on parle, qu'est-ce que c'est donc que cela ?

LE MAÎTRE DE PHILOSOPHIE.
De la prose.

M. JOURDAIN.
Quoi ! quand je dis, Nicole, apportez-moi mes pantoufles, et me donnez mon bonnet de nuit, c'est de la prose !

LE MAÎTRE DE PHILOSOPHIE.
Oui, monsieur.

M. JOURDAIN.
Par ma foi, il y a plus de quarante ans que je dis de la prose sans que j'en susse rien ; et je vous suis le plus obligé du monde de m'avoir appris cela. Je voudrais donc lui mettre dans un billet, *Belle marquise, vos beaux yeux me font mourir d'amour;* mais je voudrais que cela fût mis d'une manière galante, que cela fût tourné gentiment.

LE MAÎTRE DE PHILOSOPHIE.
Mettre que les feux de ses yeux réduisent votre

cœur en cendres; que vous souffrez nuit et jour pour elle les violences d'un...

M. JOURDAIN.

Non, non, non; je ne veux point tout cela. Je ne veux que ce que je vous ai dit : *Belle marquise, vos beaux yeux me font mourir d'amour.*

LE MAÎTRE DE PHILOSOPHIE.

Il faut bien étendre un peu la chose.

M. JOURDAIN.

Non, vous dis-je; je ne veux que ces seules paroles-là dans le billet, mais tournées à la mode, bien arrangées comme il faut. Je vous prie de me dire un peu, pour voir, les diverses manières dont on les peut mettre.

LE MAÎTRE DE PHILOSOPHIE.

On peut les mettre premièrement comme vous avez dit : *Belle marquise, vos beaux yeux me font mourir d'amour.* Ou bien : *D'amour mourir me font, belle marquise, vos beaux yeux.* Ou bien : *Vos yeux beaux d'amour me font, belle marquise, mourir.* Ou bien : *Mourir vos beaux yeux, belle marquise, d'amour me font.* Ou bien : *Me font vos yeux beaux mourir, belle marquise, d'amour.*

M. JOURDAIN.

Mais de toutes ces façons-là laquelle est la meilleure?

LE MAÎTRE DE PHILOSOPHIE.

Celle que vous avez dite : *Belle marquise, vos beaux yeux me font mourir d'amour.*

ACTE II, SCÈNE VII.

M. JOURDAIN.

Cependant je n'ai point étudié, et j'ai fait cela tout du premier coup. Je vous remercie de tout mon cœur, et je vous prie de venir demain de bonne heure.

LE MAÎTRE DE PHILOSOPHIE.

Je n'y manquerai pas.

SCÈNE VII.

M. JOURDAIN, UN LAQUAIS.

M. JOURDAIN, *à son laquais.*

Comment! mon habit n'est pas encore arrivé?

LE LAQUAIS.

Non, monsieur.

M. JOURDAIN.

Ce maudit tailleur me fait bien attendre pour un jour où j'ai tant d'affaires. J'enrage. Que la fièvre quartaine puisse serrer bien fort le bourreau de tailleur! Au diable le tailleur! La peste étouffe le tailleur! Si je le tenais maintenant, ce tailleur détestable, ce chien de tailleur-là, ce traître de tailleur, je...

SCÈNE VIII.

M. JOURDAIN, UN MAITRE TAILLEUR, UN GARÇON TAILLEUR, *portant l'habit de M. Jourdain*; UN LAQUAIS.

M. JOURDAIN.

Ah! vous voilà! Je m'allais mettre en colère contre vous.

LE MAÎTRE TAILLEUR.

Je n'ai pas pu venir plutôt, et j'ai mis vingt garçons après votre habit.

M. JOURDAIN.

Vous m'avez envoyé des bas de soie si étroits, que j'ai eu toutes les peines du monde à les mettre; et il y a déjà deux mailles de rompues.

LE MAÎTRE TAILLEUR.

Ils ne s'élargiront que trop.

M. JOURDAIN.

Oui, si je romps toujours des mailles. Vous m'avez aussi fait faire des souliers qui me blessent furieusement.

LE MAÎTRE TAILLEUR.

Point du tout, monsieur.

M. JOURDAIN.

Comment, point du tout!

LE MAÎTRE TAILLEUR.

Non, ils ne vous blessent point.

M. JOURDAIN.

Je vous dis qu'ils me blessent, moi.

ACTE II, SCÈNE VIII.

LE MAÎTRE TAILLEUR.

Vous vous imaginez cela.

M. JOURDAIN.

Je me l'imagine parce que je le sens. Voyez la belle raison.

LE MAÎTRE TAILLEUR.

Tenez, voilà le plus bel habit de la cour, et le mieux assorti. C'est un chef-d'œuvre que d'avoir inventé un habit sérieux qui ne fût pas noir ; et je le donne en six coups aux tailleurs les plus éclairés.

M. JOURDAIN.

Qu'est-ce que c'est que ceci ? vous avez mis les fleurs en en-bas.

LE MAÎTRE TAILLEUR.

Vous ne m'avez pas dit que vous les vouliez en en-haut.

M. JOURDAIN.

Est-ce qu'il faut dire cela ?

LE MAÎTRE TAILLEUR.

Oui vraiment. Toutes les personnes de qualité les portent de la sorte.

M. JOURDAIN.

Les personnes de qualité portent les fleurs en en-bas ?

LE MAÎTRE TAILLEUR.

Oui, monsieur.

M. JOURDAIN.

Oh ! voilà qui est donc bien.

LE MAÎTRE TAILLEUR.

Si vous voulez, je les mettrai en en-haut.

M. JOURDAIN.

Non, non.

LE MAÎTRE TAILLEUR.

Vous n'avez qu'à dire.

M. JOURDAIN.

Non, vous dis-je; vous avez bien fait. Croyez-vous que l'habit m'aille bien ?

LE MAÎTRE TAILLEUR.

Belle demande ! Je défie un peintre avec son pinceau de vous faire rien de plus juste. J'ai chez moi un garçon qui, pour monter une rheingrave, est le plus grand génie du monde ; et un autre qui, pour assembler un pourpoint, est le héros de notre temps.

M. JOURDAIN.

La perruque et les plumes sont-elles comme il faut ?

LE MAÎTRE TAILLEUR.

Tout est bien.

M. JOURDAIN, *regardant l'habit du tailleur.*

Ah ! ah ! monsieur le tailleur, voilà de mon étoffe du dernier habit que vous m'avez fait ! Je la reconnais bien.

LE MAÎTRE TAILLEUR.

C'est que l'étoffe me sembla si belle, que j'en ai voulu lever un habit pour moi.

M. JOURDAIN.

Oui : mais il ne fallait pas le lever avec le mien.

LE MAÎTRE TAILLEUR.

Voulez-vous mettre votre habit ?

ACTE II, SCÈNE IX.

M. JOURDAIN.

Oui, donnez-le moi.

LE MAÎTRE TAILLEUR.

Attendez ; cela ne va pas comme cela : j'ai amené des gens pour vous habiller en cadence : et ses sortes d'habits se mettent avec cérémonie. Holà, entrez, vous autres.

SCÈNE IX.

M. JOURDAIN, LE MAÎTRE TAILLEUR, LE GARÇON TAILLEUR, GARÇONS TAILLEURS *dansants*, UN LAQUAIS.

LE MAÎTRE TAILLEUR, *à ses garçons.*

Mettez cet habit à monsieur de la manière que vous faites aux personnes de qualité.

PREMIÈRE ENTRÉE DE BALLET.

Les quatre garçons tailleurs, dansant, s'approchent de M. Jourdain. Deux lui arrachent le haut-de-chausses de ses exercices, les deux autres lui ôtent la camisole ; après quoi, toujours en cadence, ils lui mettent son habit neuf.

M. Jourdain se promène au milieu d'eux, et leur montre son habit pour voir s'il est bien fait.

GARÇON TAILLEUR.

Mon gentilhomme, donnez, s'il vous plaît, aux garçons quelque chose pour boire.

M. JOURDAIN.

Comment m'appelez-vous ?

GARÇON TAILLEUR.

Mon gentilhomme.

M. JOURDAIN.

Mon gentilhomme ! Voilà ce que c'est que de se mettre en personne de qualité. Allez-vous-en demeurer toujours habillé en bourgeois, on ne vous dira point mon gentilhomme. (*donnant de l'argent.*) Tenez, voilà pour mon gentilhomme.

GARÇON TAILLEUR.

Monseigneur, nous vous sommes bien obligés.

M. JOURDAIN.

Monseigneur ! Oh ! oh ! monseigneur ! Attendez, mon ami, monseigneur mérite quelque chose ; et ce n'est pas une petite parole que monseigneur. Tenez, voilà ce que monseigneur vous donne.

GARÇON TAILLEUR.

Monseigneur, nous allons boire tous à la santé de votre grandeur.

M. JOURDAIN.

Votre grandeur ! Oh ! oh ! oh ! Attendez ; ne vous en allez pas. A moi, votre grandeur ! (*bas, à part.*) Ma foi, s'il va jusqu'à l'altesse, il aura toute la bourse (*haut.*) Tenez, voilà pour ma grandeur.

GARÇON TAILLEUR.

Monseigneur, nous la remercions très-humblement de ses libéralités.

M. JOURDAIN.

Il a bien fait, je lui allais tout donner.

SCÈNE X.

DEUXIÈME ENTRÉE DE BALLET.

Les quatre garçons tailleurs se réjouissent, en dansant, de la libéralité de M. Jourdain.

FIN DU SECOND ACTE.

ACTE TROISIÈME.

SCÈNE I.

MONSIEUR JOURDAIN, DEUX LAQUAIS.

M. JOURDAIN.

Suivez-moi, que j'aille un peu montrer mon habit par la ville ; et, surtout, ayez soin tous deux de marcher immédiatement sur mes pas, afin qu'on voie bien que vous êtes à moi.

LAQUAIS.

Oui, monsieur.

M. JOURDAIN.

Appelez-moi Nicole, que je lui donne quelques ordres. Ne bougez, la voilà.

SCÈNE II.

M. JOURDAIN, NICOLE, DEUX LAQUAIS.

M. JOURDAIN.

Nicole,

NICOLE.

Plaît-il ?

M. JOURDAIN.

Ecoutez.

ACTE III, SCÈNE II.

NICOLE, *riant.*

Hi, hi, hi, hi, hi.

M. JOURDAIN.

Qu'as-tu à rire?

NICOLE.

Hi, hi, hi, hi, hi, hi.

M. JOURDAIN.

Que veut dire cette coquine-là?

NICOLE.

Hi, hi, hi. Comme vous voilà bâti! Hi, hi, hi.

M. JOURDAIN.

Comment donc?

NICOLE.

Ah! ah! mon dieu! Hi, hi, hi, hi.

M. JOURDAIN.

Quelle fripponne est-ce là? Te moques-tu de moi?

NICOLE.

Nenni, monsieur; j'en serais bien fâchée. Hi, hi, hi, hi, hi, hi.

M. JOURDAIN.

Je te baillerais sur le nez, si tu ris davantage.

NICOLE.

Monsieur, je ne puis pas m'en empêcher. Hi, hi, hi, hi, hi, hi.

M. JOURDAIN.

Tu ne t'arrêteras pas?

NICOLE.

Monsieur, je vous demande pardon; mais vous

êtes si plaisant, que je ne me saurais tenir de rire. Hi, hi, hi.

M. JOURDAIN.
Mais voyez quelle insolence!

NICOLE.
Vous êtes tout-à-fait drôle comme cela. Hi, hi.

M. JOURDAIN.
Je te...

NICOLE.
Je vous prie de m'excuser. Hi, hi, hi, hi.

M. JOURDAIN.
Tiens, si tu ris encore le moins du monde, je te jure que je t'appliquerai sur la joue le plus grand soufflet qui se soit jamais donné.

NICOLE.
Hé bien, monsieur, voilà qui est fait, je ne rirai plus.

M. JOURDAIN.
Prends-y bien garde. Il faut que, pour tantôt, tu nettoies...

NICOLE.
Hi, hi.

M. JOURDAIN.
Que tu nettoies comme il faut...

NICOLE.
Hi, hi.

M. JOURDAIN.
Il faut, dis-je, que tu nettoies la salle, et...

NICOLE.
Hi, hi.

ACTE III, SCÈNE II.

M. JOURDAIN.

Encore ?

NICOLE, *tombant à force de rire.*

Tenez, monsieur, battez-moi plutôt, et me laissez rire tout mon soûl ; cela me fera plus de bien. Hi, hi, hi, hi.

M. JOURDAIN.

J'enrage.

NICOLE.

De grâce, monsieur, je vous prie de me laisser rire. Hi, hi, hi.

M. JOURDAIN.

Si je te prends.

NICOLE.

Monsieur, eur, je creverai, ai, si je ne ris. Hi, hi, hi.

M. JOURDAIN.

Mais a-t-on jamais vu une pendarde comme celle-là, qui me vient rire insolemment au nez, au lieu de recevoir mes ordres ?

NICOLE.

Que voulez-vous que je fasse, monsieur ?

M. JOURDAIN.

Que tu songes, coquine, à préparer ma maison pour la compagnie qui doit venir tantôt.

NICOLE, *se relevant.*

Ah ! par ma foi, je n'ai plus envie de rire ; et toutes vos compagnies font tant de désordre céans, que ce mot est assez pour me mettre en mauvaise humeur.

M. JOURDAIN.

Ne dois-je point, pour toi, fermer ma porte à tout le monde ?

NICOLE.

Vous devriez au moins la fermer à certaines gens.

SCÈNE III.

MADAME JOURDAIN, M. JOURDAIN, NICOLE, DEUX LAQUAIS.

MADAME JOURDAIN.

Ah! ah! voici une nouvelle histoire ? Qu'est-ce que c'est donc, mon mari, que cet équipage-là ? Vous moquez-vous du monde, de vous être fait enharnacher de la sorte ? et avez-vous envie qu'on se raille par-tout de vous ?

M. JOURDAIN.

Il n'y a que des sots et des sottes, ma femme, qui se railleront de moi.

MADAME JOURDAIN.

Vraiment, on n'a pas attendu jusqu'à cette heure; et il y a long-temps que vos façons de faire donnent à rire à tout le monde.

M. JOURDAIN.

Qui est donc tout ce monde-là, s'il vous plaît ?

MADAME JOURDAIN.

Tout ce monde-là est un monde qui a raison, et qui est plus sage que vous. Pour moi, je suis scandalisée de la vie que vous menez. Je ne sais plus ce que c'est que notre maison : on dirait qu'il est céans carême-prenant tous les jours ; et dès le matin, de peur d'y manquer, on y entend des vacarmes de violons et de chanteurs dont tout le voisinage se trouve incommodé.

NICOLE.

Madame parle bien. Je ne saurais plus voir mon ménage propre avec cet attirail de gens que vous faites venir chez vous. Ils ont des pieds qui vont chercher de la boue dans tous les quartiers de la ville pour l'apporter ici ; et la pauvre Françoise est presque sur les dents à frotter les planchers que vos biaux maîtres viennent crotter régulièrement tous les jours.

M. JOURDAIN.

Ouais ! notre servante Nicole, vous avez le caquet bien affilé pour une paysanne !

MADAME JOURDAIN.

Nicole a raison, et son sens est meilleur que le vôtre. Je voudrais bien savoir ce que vous pensez faire d'un maître à danser à l'âge que vous avez.

NICOLE.

Et d'un grand maître tireur d'armes qui vient, avec ses battements de pieds, ébranler toute la maison, et nous déraciner tous les cariaux de notre salle.

M. JOURDAIN.

Taisez-vous, ma servante, et ma femme.

MADAME JOURDAIN.

Est-ce que vous voulez apprendre à danser pour quand vous n'aurez plus de jambes ?

NICOLE.

Est-ce que vous avez envie de tuer quelqu'un ?

M. JOURDAIN.

Taisez-vous, vous dis-je : vous êtes des ignorantes l'une et l'autre, et vous ne savez pas les prérogatives de tout cela.

MADAME JOURDAIN.

Vous devriez bien plutôt songer à marier votre fille, qui est en âge d'être pourvue.

M. JOURDAIN.

Je songerai à marier ma fille quand il se présentera un parti pour elle ; mais je veux songer aussi à apprendre les belles choses.

NICOLE.

J'ai encore ouï dire, madame, qu'il a pris aujourd'hui, pour renfort de potage, un maître de philosophie.

M. JOURDAIN.

Fort bien. Je veux avoir de l'esprit, et savoir raisonner des choses parmi les honnêtes gens.

MADAME JOURDAIN.

N'irez-vous pas l'un de ces jours au collége vous faire donner le fouet à votre âge ?

M. JOURDAIN.

Pourquoi non ? Plût à Dieu l'avoir tout-à-l'heure le fouet devant tout le monde, et savoir ce qu'on apprend au collége !

ACTE III, SCÈNE III.

NICOLE.

Oui, ma foi, cela vous rendrait la jambe bien mieux faite !

M. JOURDAIN.

Sans doute.

MADAME JOURDAIN.

Tout cela est fort nécessaire pour conduire votre maison !

M. JOURDAIN.

Assurément. Vous parlez toutes deux comme des bêtes, et j'ai honte de votre ignorance. Par exemple (*à madame Jourdain*), savez-vous, vous, ce que c'est que vous dites à cette heure ?

MADAME JOURDAIN.

Oui ; je sais que ce que je dis est fort bien dit, et que vous devriez songer à vivre d'autre sorte.

M. JOURDAIN.

Je ne parle point de cela. Je vous demande ce que c'est que les paroles que vous dites ici.

MADAME JOURDAIN.

Ce sont des paroles bien sensées, et votre conduite ne l'est guère.

M. JOURDAIN.

Je ne parle pas de cela, vous dis-je ; je vous demande, ce que je parle avec vous, ce que je vous dis à cette heure, qu'est-ce que c'est ?

MADAME JOURDAIN.

Des chansons.

M. JOURDAIN.

Hé ! non, ce n'est pas cela. Ce que nous disons

tous deux ? le langage que nous parlons à cette heure ?

MADAME JOURDAIN.

Hé bien ?

M. JOURDAIN.

Comment est-ce que cela s'appelle ?

MADAME JOURDAIN.

Cela s'appelle comme on veut l'appeler.

M. JOURDAIN.

C'est de la prose, ignorante.

MADAME JOURDAIN.

De la prose ?

M. JOURDAIN.

Oui, de la prose. Tout ce qui est prose n'est point vers ; et tout ce qui n'est point vers est prose. Et voilà ce que c'est que d'étudier ! (*à Nicole.*) Et toi, sais-tu bien comme il faut faire pour dire un U ?

NICOLE.

Comment ?

M. JOURDAIN.

Oui, qu'est-ce que tu fais quand tu dis un U ?

NICOLE.

Quoi ?

M. JOURDAIN.

Dis un peu U, pour voir.

NICOLE.

Hé bien, U.

M. JOURDAIN.

Qu'est-ce que tu fais ?

ACTE III, SCÈNE III.

NICOLE.

Je dis U.

M. JOURDAIN.

Oui; mais quand tu dis U, qu'est-ce que tu fais?

NICOLE.

Je fais ce que vous me dites.

M. JOURDAIN.

Oh! l'étrange chose que d'avoir affaire à des bêtes! Tu alonges les lèvres en dehors, et approches la mâchoire d'en-haut de celle d'en-bas. U, vois-tu? U; je fais la moue, U.

NICOLE.

Oui, cela est biau!

MADAME JOURDAIN.

Voilà qui est admirable!

M. JOURDAIN.

C'est bien autre chose, si vous aviez vu O, et DA, DA, et FA, FA.

MADAME JOURDAIN.

Qu'est-ce que c'est donc que tout ce galimatias-là?

NICOLE.

De quoi est-ce que tout cela guérit?

M. JOURDAIN.

J'enrage, quand je vois des femmes ignorantes.

MADAME JOURDAIN.

Allons, vous devriez envoyer promener tous ces gens-là avec leurs fariboles.

NICOLE.

Et sur-tout ce grand escogriffe de maître d'armes, qui remplit de poudre tout mon ménage.

M. JOURDAIN.

Ouais ! ce maître d'armes vous tient bien au cœur ! je te veux faire voir ton impertinence tout-à-l'heure. (*après avoir fait apporter les fleurets, et en avoir donné un à Nicole.*) Tiens ; raison démonstrative ; la ligne du corps. Quand on pousse en quarte, on n'a qu'à faire cela ; et, quand on pousse en tierce, on n'a qu'à faire cela. Voilà le moyen de n'être jamais tué ; et cela n'est-il pas beau d'être assuré de son fait, quand on se bat contre quelqu'un ? Là, pousse-moi un peu, pour voir.

NICOLE.

Hé bien, quoi ? (*Nicole pousse plusieurs bottes à M. Jourdain*).

M. JOURDAIN.

Tout beau. Holà ! ho ! doucement. Diantre soit la coquine !

NICOLE.

Vous me dites de pousser.

M. JOURDAIN.

Oui ; mais tu me pousses en tierce, avant que de pousser en quarte, et tu n'a pas la patience que je pare.

MADAME JOURDAIN.

Vous êtes fou, mon mari, avec toutes vos fan-

ACTE III, SCÈNE III.

taisies; et cela vous est venu depuis que vous vous mêlez de hanter la noblesse.

M. JOURDAIN.

Lorsque je hante la noblesse, je fais paraître mon jugement; et cela est plus beau que de hanter votre bourgeoisie.

MADAME JOURDAIN.

Çamon vraiment! il y a fort à gagner à fréquenter vos nobles! et vous avez bien opéré avec ce beau monsieur le comte dont vous vous êtes embéguiné!

M. JOURDAIN.

Paix, songez à ce que vous dites. Savez-vous bien, ma femme, que vous ne savez pas de qui vous parlez, quand vous parlez de lui? C'est une personne d'importance plus que vous ne pensez, un seigneur que l'on considère à la cour, et qui parle au roi tout comme je vous parle. N'est-ce pas une chose qui m'est tout-à-fait honorable, que l'on voie venir chez moi si souvent une personne de cette qualité, qui m'appelle son cher ami, et me traite comme si j'étais son égal? Il a pour moi des bontés qu'on ne devinerait jamais; et devant tout le monde il me fait des caresses dont je suis moi-même confus.

MADAME JOURDAIN.

Oui, il a des bontés pour vous et vous fait des caresses; mais il vous emprunte votre argent.

M. JOURDAIN.

Hé bien! ne m'est-ce pas de l'honneur de prêter

de l'argent à un homme de cette condition-là? et puis-je faire moins pour un seigneur qui m'appelle son cher ami?

MADAME JOURDAIN.

Et ce seigneur, que fait-il pour vous?

M. JOURDAIN.

Des choses dont on serait étonné si on les savait.

MADAME JOURDAIN.

Et quoi?

M. JOURDAIN.

Baste, je ne puis pas m'expliquer. Il suffit que si je lui ai prêté de l'argent, il me le rendra bien, et avant qu'il soit peu.

MADAME JOURDAIN.

Oui, attendez-vous à cela.

M. JOURDAIN.

Assurément. Ne me l'a-t-il pas dit?

MADAME JOURDAIN.

Oui, oui; il ne manquera pas d'y faillir.

M. JOURDAIN.

Il m'a juré sa foi de gentilhomme.

MADAME JOURDAIN.

Chansons.

M. JOURDAIN.

Ouais! vous êtes bien obstinée, ma femme. Je vous dis qu'il me tiendra sa parole, j'en suis sûr.

MADAME JOURDAIN.

Et moi, je suis sûre que non, et que toutes les caresses qu'il vous fait ne sont que pour vous enjôler.

M. JOURDAIN.

Taisez-vous. Le voici.

MADAME JOURDAIN.

Il ne nous faut plus que cela. Il vient peut-être encore vous faire quelque emprunt, et il me semble que j'ai dîné quand je le vois.

M. JOURDAIN.

Taisez-vous, vous dis-je.

SCÈNE IV.

DORANTE, M. JOURDAIN, MADAME JOURDAIN, NICOLE.

DORANTE.

Mon cher ami monsieur Jourdain, comment vous portez-vous ?

M. JOURDAIN.

Fort bien, monsieur, pour vous rendre mes petits services.

DORANTE.

Et madame Jourdain que voilà, comment se porte-t-elle ?

MADAME JOURDAIN.

Madame Jourdain se porte comme elle peut.

DORANTE.

Comment ! monsieur Jourdain, vous voilà le plus propre du monde.

M. JOURDAIN.

Vous voyez.

DORANTE.

Vous avez tout-à-fait bon air avec cet habit; nous n'avons point de jeunes gens à la cour qui soient mieux faits que vous.

M. JOURDAIN.

Hai, hai.

MADAME JOURDAIN, *à part.*

Il le gratte par où il se démange.

DORANTE.

Tournez-vous. Cela est tout-à-fait galant.

MADAME JOURDAIN, *à part.*

Oui, aussi sot par derrière que par devant.

DORANTE.

Ma foi, monsieur Jourdain, j'avais une impatience étrange de vous voir. Vous êtes l'homme du monde que j'estime le plus, et je parlais de vous encore ce matin dans la chambre du roi.

M. JOURDAIN.

Vous me faites beaucoup d'honneur, monsieur. (*à madame Jourdain.*) Dans la chambre du roi!

DORANTE.

Allons, mettez.

M. JOURDAIN.

Monsieur, je sais le respect que je vous dois.

DORANTE.

Mon dieu! mettez: Point de cérémonie, entre nous, je vous prie.

M. JOURDAIN.

Monsieur...

ACTE III, SCÈNE IV.

DORANTE.

Mettez, vous dis-je, monsieur Jourdain; vous êtes mon ami.

M. JOURDAIN.

Monsieur, je suis votre serviteur.

DORANTE.

Je ne me couvrirai point si vous ne vous couvrez.

M. JOURDAIN, *se couvrant.*

J'aime mieux être incivil qu'importun.

DORANTE.

Je suis votre débiteur, comme vous le savez.

MADAME JOURDAIN, *à part.*

Oui, nous ne le savons que trop.

DORANTE.

Vous m'avez généreusement prêté de l'argent en plusieurs occasions; et vous m'avez obligé de la meilleure grâce du monde, assurément.

M. JOURDAIN.

Monsieur, vous vous moquez.

DORANTE.

Mais je sais rendre ce qu'on me prête, et reconnaître les plaisirs qu'on me fait.

M. JOURDAIN.

Je n'en doute point, monsieur.

DORANTE.

Je veux sortir d'affaires avec vous; et je viens ici pour faire nos comptes ensemble.

M. JOURDAIN, *bas, à madame Jourdain.*

Hé bien! vous voyez votre impertinence, ma femme.

DORANTE.

Je suis homme qui aime à m'acquitter le plutôt que je puis.

M. JOURDAIN, *bas, à madame Jourdain.*

Je vous le disais bien.

DORANTE.

Voyons un peu ce que je vous dois.

M. JOURDAIN, *bas, à madame Jourdain.*

Vous voilà avec vos soupçons ridicules !

DORANTE.

Vous souvenez-vous bien de tout l'argent que vous m'avez prêté ?

M. JOURDAIN.

Je crois que oui. J'en ai fait un petit mémoire. Le voici. Donné à vous une fois deux cents louis.

DORANTE.

Cela est vrai.

M. JOURDAIN.

Une autre fois, six vingts.

DORANTE.

Oui.

M. JOURDAIN.

Une autre fois, cent quarante.

DORANTE.

Vous avez raison.

M. JOURDAIN.

Ces trois articles font quatre cents soixante louis, qui valent cinq mille soixante livres.

ACTE III, SCÈNE IV.

DORANTE.

Le compte est fort bon. Cinq mille soixante livres.

M. JOURDAIN.

Mille huit cent trente-deux livres à votre plumassier.

DORANTE.

Justement.

M. JOURDAIN.

Deux mille sept cents quatre-vingts livres à votre tailleur.

DORANTE.

Il est vrai.

M. JOURDAIN.

Quatre mille trois cents septante-neuf livres douze sous huit deniers à votre marchand.

DORANTE.

Fort bien. Douze sous huit deniers, le compte est juste.

M. JOURDAIN.

Et mille sept cents quarante-huit livres sept sous quatre deniers à votre sellier.

DORANTE.

Tout cela est véritable. Qu'est-ce que cela fait ?

M. JOURDAIN.

Somme totale, quinze mille huit cents livres.

DORANTE.

Somme totale est juste. Quinze mille huit cents livres. Mettez encore deux cents louis que vous

LE BOURGEOIS GENTILHOMME.

m'allez donner, cela fera justement dix-huit mille francs, que je vous payerai au premier jour.

MADAME JOURDAIN, *bas, à M. Jourdain.*

Hé bien ! ne l'avais-je pas bien deviné ?

M. JOURDAIN, *bas, à madame Jourdain.*

Paix.

DORANTE.

Cela vous incommodera-t-il, de me donner ce que je vous dis !

M. JOURDAIN.

Hé ! non.

MADAME JOURDAIN, *bas, à M. Jourdain.*

Cet homme-là fait de vous une vache à lait.

M. JOURDAIN, *bas, à madame Jourdain.*

Taisez-vous.

DORANTE.

Si cela vous incommode, j'en irai chercher ailleurs.

M. JOURDAIN.

Non, monsieur.

MADAME JOURDAIN, *bas, à M. Jourdain.*

Il ne sera pas content qu'il ne vous ait ruiné.

M. JOURDAIN, *bas, à madame Jourdain.*

Taisez-vous, vous dis-je.

DORANTE.

Vous n'avez qu'à me dire si cela vous embarrasse.

M. JOURDAIN.

Point, monsieur.

ACTE III, SCÈNE IV.

MADAME JOURDAIN, *bas, à M. Jourdain.*

C'est un vrai enjôleur.

M. JOURDAIN, *bas, à madame Jourdain.*

Taisez-vous donc.

MADAME JOURDAIN, *bas, à M. Jourdain.*

Il vous sucera jusqu'au dernier sou.

M. JOURDAIN, *bas, à madame Jourdain.*

Vous tairez-vous ?

DORANTE.

J'ai force gens qui m'en prêteraient avec joie ; mais, comme vous êtes mon meilleur ami, j'ai cru que je vous ferais tort si j'en demandais à quelque autre.

M. JOURDAIN.

C'est trop d'honneur, monsieur, que vous me faites. Je vais quérir votre affaire.

MADAME JOURDAIN, *bas, à M. Jourdain.*

Quoi ! vous allez encore lui donner cela ?

M. JOURDAIN, *bas, à madame Jourdain.*

Que faire ? Voulez-vous que je refuse un homme de cette condition-là, qui a parlé de moi ce matin dans la chambre du roi ?

MADAME JOURDAIN, *bas, à M. Jourdain.*

Allez, vous êtes une vraie dupe.

SCÈNE V.

DORANTE, MADAME JOURDAIN, NICOLE.

DORANTE.

Vous me semblez toute mélancolique : qu'avez-vous, madame Jourdain?

MADAME JOURDAIN.

J'ai la tête plus grosse que le poing, et si elle n'est pas enflée.

DORANTE.

Mademoiselle votre fille, où est-elle, que je ne la vois point?

MADAME JOURDAIN.

Mademoiselle ma fille est bien où elle est.

DORANTE.

Comment se porte-t-elle?

MADAME JOURDAIN.

Elle se porte sur ses deux jambes.

DORANTE.

Ne voulez-vous point, un de ces jours, venir voir avec elle le ballet et la comédie que l'on fait chez le roi?

MADAME JOURDAIN.

Oui vraiment, nous avons fort envie de rire, fort envie de rire nous avons!

DORANTE.

Je pense, madame Jourdain, que vous avez eu

ACTE III, SCÈNE VI.

bien des amants dans votre jeune âge, belle et d'agréable humeur comme vous étiez.

MADAME JOURDAIN.

Tredame, monsieur, est-ce que madame Jourdain est décrépite? et la tête lui grouille-t-elle déjà?

DORANTE.

Ah! ma foi, madame Jourdain, je vous demande pardon : je ne songeais pas que vous êtes jeune; et je rêve le plus souvent. Je vous prie d'excuser mon impertinence.

SCÈNE VI.

M. JOURDAIN, MADAME JOURDAIN, DORANTE, NICOLE.

M. JOURDAIN, *à Dorante.*

Voilà deux cents louis bien comptés.

DORANTE.

Je vous assure, monsieur Jourdain, que je suis tout à vous, et que je brûle de vous rendre un service à la cour.

M. JOURDAIN.

Je vous suis trop obligé.

DORANTE.

Si madame Jourdain veut voir le divertissement royal, je lui ferai donner les meilleures places de la salle.

MADAME JOURDAIN.

Madame Jourdain vous baise les mains.

LE BOURGEOIS GENTILHOMME.

DORANTE, *bas, à M. Jourdain.*

Notre belle marquise, comme je vous ai mandé par mon billet, viendra tantôt ici pour le ballet et le repas; et je l'ai fait consentir enfin au cadeau que vous lui voulez donner.

M. JOURDAIN.

Tirons-nous un peu plus loin, pour cause.

DORANTE.

Il y a huit jours que je ne vous ai vu, et je ne vous ai point mandé de nouvelles du diamant que vous me mîtes entre les mains pour lui en faire présent de votre part : mais c'est que j'ai eu toutes les peines du monde à vaincre son scrupule : et ce n'est que d'aujourd'hui qu'elle s'est résolue à l'accepter.

M. JOURDAIN.

Comment l'a-t-elle trouvé ?

DORANTE.

Merveilleux; et je me trompe fort, ou la beauté de ce diamant fera pour vous sur son esprit un effet admirable.

M. JOURDAIN.

Plût au ciel !

MADAME JOURDAIN, *à Nicole.*

Quand il est une fois avec lui, il ne peut le quitter.

DORANTE.

Je lui ai fait valoir comme il faut la richesse de ce présent et la grandeur de votre amour.

ACTE III, SCÈNE VI.

M. JOURDAIN.

Ce sont, monsieur, des bontés qui m'accablent; et je suis dans une confusion la plus grande du monde de voir une personne de votre qualité s'abaisser pour moi à ce que vous faites.

DORANTE.

Vous moquez-vous ? est-ce qu'entre amis on s'arrête à ces sortes de scrupules, et ne feriez-vous pas pour moi la même chose si l'occasion s'en offrait ?

M. JOURDAIN.

Oh! assurément, et de très-grand cœur.

MADAME JOURDAIN, *bas, à Nicole.*

Que sa présence me pèse sur les épaules !

DORANTE.

Pour moi, je ne regarde rien quand il faut servir un ami ; et lorsque vous me fîtes confidence de l'ardeur que vous aviez prise pour cette marquise agréable chez qui j'avais commerce, vous vîtes que d'abord je m'offris de moi-même à servir votre amour.

M. JOURDAIN.

Il est vrai. Ce sont des bontés qui me confondent.

MADAME JOURDAIN, *à Nicole.*

Est-ce qu'il ne s'en ira point ?

NICOLE.

Ils se trouvent bien ensemble.

DORANTE.

Vous avez pris le bon biais pour toucher son

cœur. Les femmes aiment sur-tout les dépenses qu'on fait pour elles; et vos fréquentes sérénades, et vos bouquets continuels, ce superbe feu d'artifice qu'elle trouva sur l'eau, le diamant qu'elle a reçu de votre part, et le cadeau que vous lui préparez, tout cela lui parle bien mieux en faveur de votre amour, que toutes les paroles que vous auriez pu lui dire vous-même.

M. JOURDAIN.

Il n'y a pas de dépense que je ne fisse, si par-là je pouvais trouver le chemin de son cœur. Une femme de qualité a pour moi des charmes ravissants; et c'est un honneur que j'achèterais au prix de toutes choses.

MADAME JOURDAIN, *bas, à Nicole.*

Que peuvent-ils tant dire ensemble? Va-t'en un peu tout doucement prêter l'oreille.

DORANTE.

Ce sera tantôt que vous jouirez à votre aise du plaisir de sa vue; et vos yeux auront tout le temps de se satisfaire.

M. JOURDAIN.

Pour être en pleine liberté, j'ai fait en sorte que ma femme ira dîner chez ma sœur, où elle passera toute l'après-dînée.

DORANTE.

Vous avez fait prudemment, et votre femme aurait pu nous embarrasser. J'ai donné pour vous l'ordre qu'il faut au cuisinier, et à toutes les choses qui sont nécessaires pour le ballet. Il est de mon invention; et pourvu que l'exécution puisse répondre à l'idée, je suis sûr qu'il sera trouvé....

M. JOURDAIN, *s'apercevant que Nicole écoute, et lui donnant un soufflet.*

Ouais! vous êtes bien impertinente! (*à Dorante.*) Sortons, s'il vous plaît.

SCÈNE VII.

MADAME JOURDAIN, NICOLE.

NICOLE.

Ma foi, madame, la curiosité m'a coûté quelque chose : mais je crois qu'il y a quelque anguille sous roche; et ils parlent de quelque affaire où ils ne veulent pas que vous soyez.

MADAME JOURDAIN.

Ce n'est pas d'aujourd'hui, Nicole, que j'ai conçu des soupçons de mon mari. Je suis la plus trompée du monde, ou il y a quelque amour en campagne; et je travaille à découvrir ce que ce peut être. Mais songeons à ma fille. Tu sais l'amour que Cléonte a pour elle : c'est un homme qui me revient, et je veux aider sa recherche, et lui donner Lucile, si je puis.

NICOLE.

En vérité, madame, je suis la plus ravie du monde de vous voir dans ces sentiments : car si le maître vous revient, le valet ne me revient pas moins; et je souhaiterais que notre mariage se pût faire à l'ombre du leur.

MADAME JOURDAIN.

Va-t'en lui parler de ma part, et lui dire que tout-à-l'heure il me vienne trouver, pour faire ensemble à mon mari la demande de ma fille.

NICOLE.

J'y cours, madame, avec joie; et je ne pouvais recevoir une commission plus agréable. (*seule.*) Je vais, je pense, bien réjouir les gens.

SCÈNE VIII.

CLÉONTE, COVIELLE, NICOLE.

NICOLE, *à Cléonte.*

Ah! vous voilà tout-à-propos. Je suis une ambassadrice de joie, et je viens...

CLÉONTE.

Retire-toi, perfide, et ne me viens pas amuser avec tes traîtresses paroles.

NICOLE.

Est-ce ainsi que vous recevez...

CLÉONTE.

Retire-toi, te dis-je, et va-t'en de ce pas dire à ton infidèle maîtresse qu'elle n'abusera de sa vie le trop simple Cléonte.

NICOLE.

Quel vertigo est-ce donc là? Mon pauvre Covielle, dis-moi un peu ce que cela veut dire.

COVIELLE.

Ton pauvre Covielle, petite scélérate! Allons,

vite, ôte-toi de mes yeux, vilaine, et me laisse en repos.
NICOLE.
Quoi! tu me viens aussi...
COVIELLE.
Ote-toi de mes yeux, te dis-je; et ne me parle de ta vie.
NICOLE, *à part*.
Ouais! quelle mouche les a piqués tous deux? Allons de cette belle histoire informer ma maîtresse.

SCÈNE IX.
CLÉONTE, COVIELLE.

CLÉONTE.
Quoi! traiter un amant de la sorte! et un amant le plus fidèle et le plus passionné de tous les amants!
COVIELLE.
C'est une chose épouvantable que ce qu'on nous fait à tous deux.
CLÉONTE.
Je fais voir pour une personne toute l'ardeur et toute la tendresse qu'on peut imaginer, je n'aime rien au monde qu'elle, et je n'ai qu'elle dans l'esprit; elle fait tous mes soins, tous mes désirs, toute ma joie; je ne parle que d'elle, je ne pense qu'à elle, je ne fais des songes que d'elle, je ne respire que par elle, mon cœur vit tout en elle : et

voilà de tant d'amitié la digne récompense ! Je suis deux jours sans la voir, qui sont pour moi deux siècles effroyables ; je la rencontre par hasard ; mon cœur à cette vue se sent tout transporté, ma joie éclate sur mon visage, je vole avec ravissement vers elle ; et l'infidèle détourne de moi ses regards, et passe brusquement, comme si de sa vie elle ne m'avait vu !

COVIELLE.

Je dis les mêmes choses que vous.

CLÉONTE.

Peut-on rien voir d'égal, Covielle, à cette perfidie de l'ingrate Lucile ?

COVIELLE.

Et à celle, monsieur, de la pendarde de Nicole ?

CLÉONTE.

Après tant de sacrifices ardents, de soupirs et de vœux que j'ai faits à ses charmes !

COVIELLE.

Après tant d'assidus hommages, de soins et de services que je lui ai rendus dans sa cuisine !

CLÉONTE.

Tant de larmes que j'ai versées à ses genoux !

COVIELLE.

Tant de seaux d'eau que j'ai tirés au puits pour elle !

CLÉONTE.

Tant d'ardeur que j'ai fait paraître à la chérir plus que moi-même ?

ACTE III, SCÈNE IX.

COVIELLE.

Tant de chaleur que j'ai soufferte à tourner la broche à sa place !

CLÉONTE.

Elle me fuit avec mépris !

COVIELLE.

Elle me tourne le dos avec effronterie !

CLÉONTE.

C'est une perfidie digne des plus grands châtiments.

COVIELLE.

C'est une trahison à mériter mille soufflets.

CLÉONTE.

Ne t'avise point, je te prie, de me jamais parler pour elle.

COVIELLE.

Moi, monsieur ? Dieu m'en garde !

CLÉONTE.

Ne viens point m'excuser l'action de cette infidèle.

COVIELLE.

N'ayez pas peur.

CLÉONTE.

Non, vois-tu, tous tes discours pour la défendre ne serviront de rien.

COVIELLE.

Qui songe à cela ?

CLÉONTE.

Je veux contre elle conserver mon ressentiment, et rompre ensemble tout commerce.

COVIELLE.
J'y consens.
CLÉONTE.
Ce monsieur le comte qui va chez elle lui donne peut-être dans la vue ; et son esprit, je le vois bien, se laisse éblouir à la qualité. Mais il me faut, pour mon honneur, prévenir l'éclat de son inconstance. Je veux faire autant de pas qu'elle au changement où je la vois courir, et ne lui laisser pas toute la gloire de me quitter.
COVIELLE.
C'est fort bien dit ; et j'entre pour mon compte dans tous vos sentiments.
CLÉONTE.
Donne la main à mon dépit ; et soutiens ma résolution contre tous les restes d'amour qui me pourraient parler pour elle. Dis-m'en, je t'en conjure, tout le mal que tu pourras ; fais-moi de sa personne une peinture qui me la rende méprisable ; et marque-moi bien, pour m'en dégoûter, tous les défauts que tu peux voir en elle.
COVIELLE.
Elle, monsieur ! voilà une belle mijaurée, une pimpesouée bien bâtie, pour vous donner tant d'amour ! Je ne lui vois rien que de très-médiocre ; et vous trouverez cent personnes qui seront plus dignes de vous. Premièrement elle a les yeux petits.
CLÉONTE.
Cela est vrai, elle a les yeux petits ; mais elle

les a pleins de feu, les plus brillants, les plus perçants du monde, les plus touchants qu'on puisse voir.

COVIELLE.

Elle a la bouche grande.

CLÉONTE.

Oui; mais on y voit des grâces qu'on ne voit point aux autres bouches : et cette bouche, en la voyant, inspire des désirs; elle est la plus attrayante, la plus amoureuse du monde.

COVIELLE.

Pour sa taille, elle n'est pas grande.

CLÉONTE.

Non; mais elle est aisée et bien prise.

COVIELLE.

Elle affecte une nonchalance dans son parler et dans ses actions...

CLÉONTE.

Il est vrai, mais elle a grâce à tout cela; et ses manières sont engageantes, ont je ne sais quel charme à s'insinuer dans les cœurs.

COVIELLE.

Pour de l'esprit...

CLÉONTE.

Ah! elle en a, Covielle, du plus fin, du plus délicat.

COVIELLE.

Sa conversation...

CLÉONTE.

Sa conversation est charmante.

COVIELLE.

Elle est toujours sérieuse.

CLÉONTE.

Veux-tu de ces enjouements épanouis, de ces joies toujours ouvertes? Et vois-tu rien de plus impertinent que des femmes qui rient à tout propos?

COVIELLE.

Mais enfin, elle est capricieuse autant que personne du monde.

CLÉONTE.

Oui, elle est capricieuse, j'en demeure d'accord: mais tout sied bien aux belles, on souffre tout des belles.

COVIELLE.

Puisque cela va comme cela, je vois bien que vous avez envie de l'aimer toujours.

CLÉONTE.

Moi? j'aimerais mieux mourir; et je vais la haïr autant que je l'ai aimée.

COVIELLE.

Le moyen, si vous la trouvez si parfaite?

CLÉONTE.

C'est en quoi ma vengeance sera plus éclatante, en quoi je veux faire mieux voir la force de mon cœur à la haïr, à la quitter, toute belle, toute pleine d'attraits, toute aimable que je la trouve. La voici.

SCÈNE X.
LUCILE, CLÉONTE, COVIELLE, NICOLE.

NICOLE, *à Lucile.*
Pour moi, j'en ai été toute scandalisée.
LUCILE.
Ce ne peut être, Nicole, que ce que je dis. Mais le voilà.
CLÉONTE, *à Covielle.*
Je ne veux pas seulement lui parler.
COVIELLE.
Je veux vous imiter.
LUCILE.
Qu'est-ce donc, Cléonte? qu'avez-vous?
NICOLE.
Qu'as-tu donc, Covielle?
LUCILE.
Quel chagrin vous possède?
NICOLE.
Quelle mauvaise humeur te tient?
LUCILE.
Etes-vous muet, Cléonte?
NICOLE.
As-tu perdu la parole, Covielle?
CLÉONTE.
Que voilà qui est scélérat!
COVIELLE.
Que cela est Judas!

LUCILE.

Je vois bien que la rencontre de tantôt a troublé votre esprit.

CLÉONTE, *à Covielle.*

Ah! ah! on voit ce qu'on a fait.

NICOLE.

Notre accueil de ce matin t'a fait prendre la chèvre.

COVIELLE, *à Cléonte.*

On a deviné l'enclouure.

LUCILE.

N'est-il pas vrai, Cléonte, que c'est là le sujet de votre dépit ?

CLÉONTE.

Oui, perfide, ce l'est, puisqu'il faut parler ; et j'ai à vous dire que vous ne triompherez pas, comme vous le pensez, de votre infidélité, que je veux être le premier à rompre avec vous ; et que vous n'aurez pas l'avantage de me chasser. J'aurai de la peine, sans doute, à vaincre l'amour que j'ai pour vous ; cela me causera des chagrins ; je souffrirai un temps : mais j'en viendrai à bout, et je me percerai plutôt le cœur, que d'avoir la faiblesse de retourner à vous.

COVIELLE, *à Nicole.*

Queussi queumi.

LUCILE.

Voilà bien du bruit pour un rien. Je veux vous dire, Cléonte, le sujet qui m'a fait ce matin éviter votre abord.

ACTE III, SCÈNE X.

CLÉONTE, *voulant s'en aller, pour éviter Lucile.*

Non, je ne veux rien écouter.

NICOLE, *à Covielle.*

Je te veux apprendre la cause qui nous a fait passer si vîte.

COVIELLE, *voulant aussi s'en aller pour éviter Nicole.*

Je ne veux rien entendre.

LUCILE, *suivant Cléonte.*

Sachez que ce matin...

CLÉONTE, *marchant toujours sans regarder Lucile.*

Non, vous dis-je.

NICOLE, *suivant Covielle.*

Apprends que...

COVIELLE, *marchant aussi sans regarder Nicole.*

Non, traîtresse.

LUCILE.

Ecoutez.

CLÉONTE.

Point d'affaire.

NICOLE.

Laisse-moi dire.

COVIELLE.

Je suis sourd.

LUCILE.

Cléonte!

CLÉONTE.

Non.

NICOLE.

Covielle !

COVIELLE.

Point.

LUCILE.

Arrêtez.

CLÉONTE.

Chansons.

NICOLE.

Entends-moi.

COVIELLE.

Bagatelle.

LUCILE.

Un moment.

CLÉONTE.

Point du tout.

NICOLE.

Un peu de patience.

COVIELLE.

Tarare.

LUCILE.

Deux paroles.

CLÉONTE.

Non, c'en est fait.

NICOLE.

Un mot.

COVIELLE.

Plus de commerce.

ACTE III, SCÈNE X.

LUCILE, *s'arrêtant.*

Hé bien ! puisque vous ne voulez pas m'écouter, demeurez dans votre pensée, et faites ce qu'il vous plaira.

NICOLE, *s'arrêtant aussi.*

Puisque tu fais comme cela, prends-le tout comme tu voudras.

CLÉONTE, *se retournant vers Lucile.*

Sachons donc le sujet d'un si bel accueil.

LUCILE, *s'en allant à son tour pour éviter Cléonte.*

Il ne me plaît plus de le dire.

COVIELLE, *se retournant vers Nicole.*

Apprends-nous un peu cette histoire.

NICOLE, *s'en allant aussi pour éviter Covielle.*

Je ne veux plus, moi, te l'apprendre.

CLÉONTE, *suivant Lucile.*

Dites-moi...

LUCILE, *marchant toujours sans regarder Cléonte.*

Non, je ne veux rien dire.

COVIELLE, *suivant Nicole.*

Conte-moi...

NICOLE, *marchant aussi sans regarder Covielle.*

Non, je ne conte rien.

CLÉONTE.

De grâce.

LUCILE.

Non, vous dis-je.

COVIELLE.

Par charité.

NICOLE.

Point d'affaire.

CLÉONTE.

Je vous en prie.

LUCILE.

Laissez-moi.

COVIELLE.

Je t'en conjure.

NICOLE.

Ote-toi de là.

CLÉONTE.

Lucile !

LUCILE.

Non.

COVIELLE.

Nicole !

NICOLE.

Point.

CLÉONTE.

Au nom des dieux !

LUCILE.

Je ne veux pas.

COVIELLE.

Parle-moi.

NICOLE.

Point du tout.

CLÉONTE.

Eclaircissez mes doutes.

ACTE III, SCÈNE X.

LUCILE.

Non, je n'en ferai rien.

COVIELLE.

Guéris-moi l'esprit.

NICOLE.

Non, il ne me plaît pas.

CLÉONTE.

Hé bien ! puisque vous vous souciez si peu de me tirer de peine, et de vous justifier du traitement indigne que vous avez fait à ma flamme, vous me voyez, ingrate, pour la dernière fois ; et je vais, loin de vous, mourir de douleur et d'amour.

COVIELLE, *à Nicole.*

Et moi, je vais suivre ses pas.

LUCILE, *à Cléonte qui veut sortir.*

Cléonte !

NICOLE, *à Covielle qui suit son maître.*

Covielle !

CLÉONTE, *s'arrêtant.*

Hé ?

COVIELLE, *s'arrêtant aussi.*

Plaît-il ?

LUCILE.

Où allez-vous ?

CLÉONTE.

Où je vous ai dit.

COVIELLE.

Nous allons mourir.

LUCILE.

Vous allez mourir, Cléonte ?

CLÉONTE.

Oui, cruelle, puisque vous le voulez.

LUCILE.

Moi, je veux que vous mouriez?

CLÉONTE.

Oui, vous le voulez.

LUCILE.

Qui vous le dit?

CLÉONTE, *s'approchant de Lucile.*

N'est-ce pas le vouloir, que de ne vouloir pas éclaircir mes soupçons?

LUCILE.

Est-ce ma faute? Et si vous aviez voulu m'écouter, ne vous aurais-je pas dit que l'aventure dont vous vous plaignez a été causée ce matin par la présence d'une vieille tante qui veut à toute force que la seule approche d'un homme déshonore une fille, qui perpétuellement nous sermonne sur ce chapitre, et nous figure tous les hommes comme des diables qu'il faut fuir?

NICOLE, *à Covielle.*

Voilà le secret de l'affaire.

CLÉONTE.

Ne me trompez-vous point, Lucile?

COVIELLE, *à Nicole.*

Ne m'en donnes-tu point à garder?

LUCILE, *à Cléonte.*

Il n'est rien de plus vrai.

NICOLE, *à Covielle.*

C'est la chose comme elle est.

COVIELLE, *à Cléonte.*

Nous rendrons-nous à cela?

CLÉONTE.

Ah! Lucile, qu'avec un mot de votre bouche vous savez appaiser de choses dans mon cœur! et que facilement on se laisse persuader aux personnes qu'on aime!

COVIELLE.

Qu'on est aisément amadoué par ces diantres d'animaux-là!

SCÈNE XI.

MADAME JOURDAIN, CLÉONTE, LUCILE, COVIELLE, NICOLE.

MADAME JOURDAIN.

Je suis bien aise de vous voir, Cléonte, et vous voilà tout à propos. Mon mari vient, prenez vîte votre temps pour lui demander Lucile en mariage.

CLÉONTE.

Ah! madame, que cette parole m'est douce! et qu'elle flatte mes désirs! Pouvais-je recevoir un ordre plus charmant, une faveur plus précieuse?

SCÈNE XII.

CLÉONTE, M. JOURDAIN, MADAME JOURDAIN, LUCILE, COVIELLE, NICOLE.

CLÉONTE.

Monsieur, je n'ai voulu prendre personne pour

vous faire une demande que je médite il y a longtemps. Elle me touche assez pour m'en charger moi-même; et sans autre détour, je vous dirai que l'honneur d'être votre gendre est une faveur glorieuse que je vous prie de m'accorder.

M. JOURDAIN.

Avant que de vous rendre réponse, monsieur, je vous prie de me dire si vous êtes gentilhomme.

CLÉONTE.

Monsieur, la plupart des gens sur cette question n'hésitent pas beaucoup : on tranche le mot aisément. Ce nom ne fait aucun scrupule à prendre; et l'usage aujourd'hui semble en autoriser le vol. Pour moi, je vous l'avoue, j'ai les sentiments sur cette matière un peu plus délicats. Je trouve que toute imposture est indigne d'un honnête homme, et qu'il y a de la lâcheté à déguiser ce que le ciel nous a fait naître, à se parer aux yeux du monde d'un titre dérobé, à se vouloir donner pour ce qu'on n'est pas. Je suis né de parents, sans doute, qui ont tenu des charges honorables; je me suis acquis dans les armes l'honneur de six ans de service, et je me trouve assez de bien pour tenir dans le monde un rang assez passable : mais, avec tout cela, je ne veux pas me donner un nom où d'autres en ma place croiraient pouvoir prétendre; et je vous dirai franchement que je ne suis point gentilhomme.

M. JOURDAIN.

Touchez-là, monsieur ; ma fille n'est pas pour vous.

CLÉONTE.

Comment ?

M. JOURDAIN.

Vous n'êtes point gentilhomme, vous n'aurez point ma fille.

MADAME JOURDAIN.

Que voulez-vous donc dire avec votre gentilhomme ? Est-ce que nous sommes, nous autres, de la côte de Saint-Louis ?

M. JOURDAIN.

Taisez-vous, ma femme ; je vous vois venir.

MADAME JOURDAIN.

Descendons-nous tous deux que de bonne bourgeoisie ?

M. JOURDAIN.

Voilà pas le coup de langue ?

MADAME JOURDAIN.

Et votre père n'était-il pas marchand aussi bien que le mien ?

M. JOURDAIN.

Peste soit de la femme ! elle n'y a jamais manqué. Si votre père a été marchand, tant pis pour lui ; mais, pour le mien, ce sont des mal-avisés qui disent cela. Tout ce que j'ai à vous dire, moi, c'est que je veux avoir un gendre gentilhomme.

MADAME JOURDAIN.

Il faut à votre fille un mari qui lui soit propre ;

et il vaut mieux pour elle un honnête homme riche et bien fait, qu'un gentilhomme gueux et mal bâti.

NICOLE.

Cela est vrai. Nous avons le fils du gentilhomme de notre village qui est le plus grand malitorne et le plus sot dadais que j'aie jamais vu.

M. JOURDAIN, *à Nicole.*

Taisez-vous, impertinente : vous vous fourrez toujours dans la conversation. J'ai du bien assez pour ma fille, je n'ai besoin que d'honneurs ; et je la veux faire marquise.

MADAME JOURDAIN.

Marquise ?

M. JOURDAIN.

Oui, marquise.

MADAME JOURDAIN.

Hélas ! Dieu m'en garde !

M. JOURDAIN.

C'est une chose que j'ai résolue.

MADAME JOURDAIN.

C'est une chose, moi, où je ne consentirai point. Les alliances avec plus grand que soi sont sujettes toujours à de fâcheux inconvénients. Je ne veux point qu'un gendre puisse à ma fille reprocher ses parents, et qu'elle ait des enfants qui aient honte de m'appeler leur grand'maman. S'il fallait qu'elle me vînt visiter en équipage de grand'dame, et qu'elle manquât par mégarde à saluer quelqu'un du quartier, on ne manquerait pas aussitôt de dire

cent sottises. « Voyez-vous, dirait-on, cette ma-
« dame la marquise qui fait tant la glorieuse ? c'est
« la fille de monsieur Jourdain, qui était trop
« heureuse, étant petite, de jouer à la madame
« avec nous. Elle n'a pas toujours été si relevée
« que la voilà, et ses deux grands-pères vendaient
« du drap auprès de la porte saint Innocent. Ils ont
« amassé du bien à leurs enfants, qu'ils paient
« maintenant peut-être bien cher en l'autre monde ;
« et l'on ne devient guère si riche à être honnêtes
« gens ». Je ne veux point tous ces caquets ; et je
veux un homme, en un mot, qui m'ait obligation
de ma fille, et à qui je puisse dire : Mettez-vous
là, mon gendre, et dînez avec moi.

M. JOURDAIN.

Voilà bien les sentiments d'un petit esprit, de
vouloir demeurer toujours dans la bassesse. Ne me
répliquez pas davantage : ma fille sera marquise en
dépit de tout le monde ; et, si vous me mettez en
colère, je la ferai duchesse.

SCÈNE XIII.

MADAME JOURDAIN, LUCILE, CLÉONTE,
NICOLE, COVIELLE.

MADAME JOURDAIN.

Cléonte, ne perdez point courage encore. (*à Lucile.*) Suivez-moi, ma fille ; et venez dire résolument à votre père que, si vous ne l'avez, vous ne voulez épouser personne.

SCÈNE XIV.

CLÉONTE, COVIELLE.

COVIELLE.

Vous avez fait de belles affaires avec vos beaux sentiments !

CLÉONTE.

Que veux-tu ! j'ai un scrupule là-dessus que l'exemple ne saurait vaincre.

COVIELLE.

Vous moquez-vous de le prendre sérieusement avec un homme comme cela ? Ne voyez-vous pas qu'il est fou ? Et vous coûtait-il quelque chose de vous accommoder à ses chimères ?

CLÉONTE.

Tu as raison ; mais je ne croyais pas qu'il fallût faire ses preuves de noblesse pour être gendre de monsieur Jourdain.

COVIELLE, *riant.*

Ah ! ah ! ah !

CLÉONTE.

De quoi ris-tu ?

COVIELLE.

D'une pensée qui me vient pour jouer notre homme, et vous faire obtenir ce que vous souhaitez.

CLÉONTE.

Comment ?

ACTE III, SCÈNE XV.

COVIELLE.

L'idée est tout-à-fait plaisante.

CLÉONTE.

Quoi donc ?

COVIELLE.

Il s'est fait depuis peu une certaine mascarade qui vient le mieux du monde ici, et que je prétends faire entrer dans une bourde que je veux faire à notre ridicule. Tout cela sent un peu sa comédie : mais avec lui on peut hasarder toute chose ; il n'y faut point chercher tant de façons ; il est homme à y jouer son rôle à merveille, et à donner aisément dans toutes les fariboles qu'on s'avisera de lui dire. J'ai les acteurs, j'ai les habits tout prêts ; laissez-moi faire seulement.

CLÉONTE.

Mais apprends-moi...

COVIELLE.

Je vais vous instruire de tout. Retirons-nous ; le voilà qui revient.

SCÈNE XV.

M. JOURDAIN, *seul.*

Que diable est-ce là ? ils n'ont rien que les grands seigneurs à me reprocher ; et moi, je ne vois rien de si beau que de hanter les grands seigneurs ; il n'y a qu'honneur et civilité avec eux ; et je voudrais qu'il m'eût coûté deux doigts de la main, et être né comte ou marquis.

SCÈNE XVI.

M. JOURDAIN, UN LAQUAIS.

LE LAQUAIS.

Monsieur, voici monsieur le comte, et une dame qu'il mène par la main.

M. JOURDAIN.

Hé! mon dieu! j'ai quelques ordres à donner. Dis-leur que je vais venir ici tout-à-l'heure.

SCÈNE XVII.

DORIMÈNE, DORANTE, UN LAQUAIS.

LE LAQUAIS.

Monsieur dit comme cela qu'il va venir ici tout-à-l'heure.

DORANTE.

Voilà qui est bien.

SCÈNE XVIII.

DORIMÈNE, DORANTE.

DORIMÈNE.

Je ne sais pas, Dorante; je fais encore ici u étrange démarche, de me laisser amener par vo dans une maison où je ne connais personne.

DORANTE.

Quel lieu voulez-vous donc, madame, que mo amour choisisse pour vous régaler, puisque, po fuir l'éclat, vous ne voulez ni votre maison ni la mienne ?

DORIMÈNE.

Mais vous ne dites pas que je m'engage insensiblement chaque jour à recevoir de trop grands témoignages de votre passion. J'ai beau me défendre des choses, vous fatiguez ma résistance, et vous avez une civile opiniâtreté qui me fait venir doucement à tout ce qu'il vous plaît. Les visites fréquentes ont commencé ; les déclarations sont venues ensuite, qui, après elles, ont traîné les sérénades et les cadeaux, que les présents ont suivis. Je me suis opposée à tout cela ; mais vous ne vous rebutez point, et, pied à pied, vous gagnez mes résolutions. Pour moi, je ne puis plus répondre de rien ; et je vois qu'à la fin vous me ferez venir au mariage, dont je me suis tant éloignée.

DORANTE.

Ma foi, madame, vous y devriez déjà être. Vous êtes veuve, et ne dépendez que de vous ; je suis maître de moi, et vous aime plus que ma vie : à quoi tient-il que, dès aujourd'hui, vous ne fassiez tout mon bonheur ?

DORIMÈNE.

Mon dieu ! Dorante, il faut des deux parts bien des qualités pour vivre heureusement ensemble ; et les deux plus raisonnables personnes du monde ont souvent peine à composer une union dont ils soient satisfaits.

DORANTE.

Vous vous moquez, madame, de vous y figurer tant de difficultés ; et l'expérience que vous avez faite ne conclut rien pour tous les autres.

DORIMÈNE.

Enfin, j'en reviens toujours là. Les dépenses que je vous vois faire pour moi m'inquiètent par deux raisons : l'une, qu'elles m'engagent plus que je ne voudrais ; et l'autre, que je suis sûre, sans vous déplaire, que vous ne les faites point que vous ne vous incommodiez ; et je ne veux point cela.

DORANTE.

Ah ! madame, ce sont des bagatelles ; et ce n'est pas par là...

DORIMÈNE.

Je sais ce que je dis ; et, entre autres, le diamant que vous m'avez forcée à prendre est d'un prix...

DORANTE.

Hé ! madame, de grâce ! ne faites point tant valoir une chose que mon amour trouve indigne de vous ; et souffrez... Voici le maître du logis.

SCÈNE XIX.

M. JOURDAIN, DORIMÈNE, DORANTE

M. JOURDAIN, *après avoir fait deux révérences se trouvant trop près de Dorimène.*

Un peu plus loin, madame.

DORIMÈNE.

Comment ?

ACTE III, SCÈNE XIX.

M. JOURDAIN.
Un pas, s'il vous plaît.

DORIMÈNE.
Quoi donc?

M. JOURDAIN.
Reculez un peu pour la troisième.

DORANTE.
Madame, monsieur Jourdain sait son monde.

M. JOURDAIN.
Madame, ce m'est une gloire bien grande de me voir assez fortuné pour être si heureux que d'avoir le bonheur que vous ayez eu la bonté de m'accorder la grâce de me faire l'honneur de m'honorer de la faveur de votre présence; et, si j'avais aussi le mérite pour mériter un mérite comme le vôtre, et que le ciel... envieux de mon bien... m'eût accordé... l'avantage de me voir digne... des...

DORANTE.
Monsieur Jourdain, en voilà assez. Madame n'aime pas les grands compliments; et elle sait que vous êtes homme d'esprit. (*bas, à Dorimène.*) C'est un bon bourgeois assez ridicule, comme vous voyez, dans toutes ses manières.

DORIMÈNE, *bas, à Dorante.*
Il n'est pas mal aisé de s'en apercevoir.

DORANTE.
Madame, voilà le meilleur de mes amis.

M. JOURDAIN.
C'est trop d'honneur que vous me faites.

DORANTE.

Galant homme tout-à-fait.

DORIMÈNE.

J'ai beaucoup d'estime pour lui.

M. JOURDAIN.

Je n'ai rien fait encore, madame, pour mériter cette grâce.

DORANTE, *bas, à M. Jourdain.*

Prenez bien garde au moins à ne lui point parler du diamant que vous lui avez donné.

M. JOURDAIN, *bas, à Dorante.*

Ne pourrai-je pas seulement lui demander comment elle le trouve ?

DORANTE, *bas, à M. Jourdain.*

Comment ! gardez-vous-en bien. Cela serait vilain à vous ; et, pour agir en galant homme, il faut que vous fassiez comme si ce n'était pas vous qui lui eussiez fait ce présent. (*haut.*) M. Jourdain, madame, dit qu'il est ravi de vous voir chez lui.

DORIMÈNE.

Il m'honore beaucoup.

M. JOURDAIN, *bas, à Dorante.*

Que je vous suis obligé, monsieur, de lui parler ainsi pour moi !

DORANTE, *bas, à M. Jourdain.*

J'ai eu une peine effroyable à la faire venir ici.

M. JOURDAIN, *bas, à Dorante.*

Je ne sais quelles grâces vous en rendre.

DORANTE.

Il dit, madame, qu'il vous trouve la plus belle personne du monde.

DORIMÈNE.

C'est bien de la grâce qu'il me fait.

M. JOURDAIN.

Madame, c'est vous qui faites les grâces, et...

DORANTE.

Songeons à manger.

SCÈNE XX.

M. JOURDAIN, DORIMÈNE, DORANTE, UN LAQUAIS.

LE LAQUAIS, *à M. Jourdain.*

Tout est prêt, monsieur.

DORANTE.

Allons donc nous mettre à table; et qu'on fasse venir les musiciens.

SCÈNE XXI.

ENTRÉE DE BALLET.

Six cuisiniers, qui ont préparé le festin, dansent ensemble; après quoi ils apportent une table couverte de plusieurs mets.

FIN DU TROISIÈME ACTE.

ACTE QUATRIÈME.

SCÈNE I.

DORIMÈNE, M. JOURDAIN, DORANTE, TROIS MUSICIENS, UN LAQUAIS.

DORIMÈNE.

Comment! Dorante, voilà un repas tout-à-fait magnifique!

M. JOURDAIN.

Vous vous moquez, madame; et je voudrais qu'il fût plus digne de vous être offert.

(*Dorimène, monsieur Jourdain, Dorante, et les trois musiciens, se mettent à table*).

DORANTE.

Monsieur Jourdain a raison, madame, de parler de la sorte; et il m'oblige de vous faire si bien les honneurs de chez lui. Je demeure d'accord avec lui que le repas n'est pas digne de vous. Comme c'est moi qui l'ai ordonné, et que je n'ai pas, sur cette matière, les lumières de nos amis, vous n'avez pas ici un repas fort savant, et vous y trouverez des incongruités de bonne chère et des barbarismes de bon goût. Si Damis s'en était mêlé, tout serait dans les règles; il y aurait par-tout de l'élégance et de l'érudition : et il ne manquerait pas de vous exagérer lui-même toutes les pièces du repas qu'il vous donnerait, et de vous faire tomber d'accord de sa haute capacité dans la science des bons morceaux ; de vous parler d'un pain de rive à biseau doré, relevé de croûte par-tout, croquant tendrement sous la dent ; d'un vin à sève veloutée, armé d'un vert qui n'est point trop commandant ; d'un carré de mouton gourmandé de persil ; d'une longe de veau de rivière, longue comme cela, blanche, délicate, et qui, sous les dents, est une vraie pâte d'amande ; de perdrix relevées d'un fumet surprenant ; et pour son opéra, d'une soupe à bouillon perlé, soutenue d'un jeune gros dindon, cantonnée de pigeonneaux, et couronnée d'oignons blancs mariés avec la chicorée. Mais, pour moi, je vous avoue mon ignorance ; et, comme M. Jourdain a fort bien dit, je voudrais que le repas fût plus digne de vous être offert.

DORIMÈNE.

Je ne réponds à ce compliment qu'en mangeant comme je fais.

M. JOURDAIN.

Ah! que voilà de belles mains!

DORIMÈNE.

Les mains sont médiocres, M. Jourdain ; mais vous voulez parler du diamant, qui est fort beau.

M. JOURDAIN.

Moi, madame, Dieu me garde d'en vouloir parler! Ce ne serait pas agir en galant homme; et le diamant est fort peu de chose.

DORIMÈNE.

Vous êtes bien dégoûté.

M. JOURDAIN.

Vous avez trop de bonté...

DORANTE, *après avoir fait signe à M. Jourdain.*

Allons, qu'on donne du vin à monsieur Jourdain, et à ces messieurs, qui nous feront la grâce de nous chanter un air à boire.

DORIMÈNE.

C'est merveilleusement assaisonner la bonne chère, que d'y mêler la musique; et je me vois ici admirablement régalée.

M. JOURDAIN.

Madame, ce n'est pas....

DORANTE.

Monsieur Jourdain, prêtons silence à ces messieurs; ce qu'ils nous diront vaudra mieux que tout ce que nous pourrions dire.

PREMIER ET SECOND MUSICIENS
ensemble, un verre à la main.

Un petit doigt, Philis, pour commencer le tour.
Ah! qu'un verre en vos mains a d'agréables charmes!
Vous et le vin, vous vous prêtez des armes,
Et je sens pour tous deux redoubler mon amour.
Entre lui, vous et moi, jurons, jurons, ma belle,
Une ardeur éternelle.
Qu'en mouillant votre bouche il en reçoit d'attraits!
Et que l'on voit par lui votre bouche embellie!
Ah! l'un de l'autre ils me donnent envie;
Et de vous et de lui je m'enivre à longs traits.

ACTE IV, SCÈNE I.

Entre lui, vous et moi, jurons, jurons, ma belle,
  Une ardeur éternelle.

SECOND ET TROISIÈME MUSICIENS
ensemble.

Buvons, chers amis, buvons;
Le temps qui fuit nous y convie.
  Profitons de la vie
  Autant que nous pouvons.
Quand on a passé l'onde noire,
Adieu le bon vin, nos amours.
  Dépêchons-nous de boire,
  On ne boit pas toujours.
Laissons raisonner les sots
Sur le vrai bonheur de la vie;
  Notre philosophie
  Le met parmi les pots.
Les biens, le savoir et la gloire
N'ôtent point les soucis fâcheux;
  Et ce n'est qu'à bien boire
  Que l'on peut être heureux.

TOUS TROIS ENSEMBLE.

Sus, sus, du vin par-tout; versez, garçon, versez;
Versez, versez toujours, tant qu'on vous dise assez.

DORIMÈNE.

Je ne crois pas qu'on puisse mieux chanter; et cela est tout-à-fait beau.

M. JOURDAIN.

Je vois encore ici, madame, quelque chose de plus beau.

DORIMÈNE.

Ouais! monsieur Jourdain est galant plus que je ne pensais.

DORANTE.

Comment! madame, pour qui prenez-vous monsieur Jourdain?

M. JOURDAIN.

Je voudrais bien qu'elle me prît pour ce que je dirais.

DORIMÈNE.

Encore!

DORANTE, *à Dorimène.*

Vous ne le connaissez pas.

M. JOURDAIN.

Elle me connaîtra quand il lui plaira.

DORIMÈNE.

Oh! je le quitte.

DORANTE.

Il est homme qui a toujours la riposte en main. Mais vous ne voyez pas que monsieur Jourdain, madame, mange tous les morceaux que vous avez touchés.

DORIMÈNE.

Monsieur Jourdain est un homme qui me ravit.

M. JOURDAIN.

Si je pouvais ravir votre cœur, je serais...

SCÈNE II.

MADAME JOURDAIN, M. JOURDAIN, DORIMÈNE, DORANTE, MUSICIENS, LAQUAIS.

MADAME JOURDAIN.

Ah! ah! je trouve ici bonne compagnie, et je vois bien qu'on ne m'y attendait pas. C'est donc pour cette belle affaire-ci, monsieur mon mari, que vous avez eu tant d'empressement à m'envoyer dîner chez ma sœur! Je viens de voir un théâtre là bas, et je vois ici un banquet à faire noces. Voilà comme vous dépensez votre bien! c'est ainsi que vous festinez les dames en mon absence, et que vous leur donnez la musique et la comédie, tandis que vous m'envoyez promener!

DORANTE.

Que voulez-vous dire, madame Jourdain? et quelles fantaisies sont les vôtres, de vous aller mettre en tête que votre mari dépense son bien, et que c'est lui qui donne ce régal à madame? Apprenez que c'est moi, je vous prie; qu'il ne fait seulement que me prêter sa maison; et que vous devriez un peu mieux regarder aux choses que vous dites.

M. JOURDAIN.

Oui, impertinente, c'est monsieur le comte qui donne tout ceci à madame, qui est une personne de qualité. Il me fait l'honneur de prendre ma maison, et de vouloir que je sois avec lui.

MADAME JOURDAIN.

Ce sont des chansons que cela, je sais ce que je sais.

DORANTE.

Prenez, madame Jourdain, prenez de meilleures lunettes.

MADAME JOURDAIN.

Je n'ai que faire de lunettes, monsieur, et je vois assez clair; il y a long-temps que je sens les choses; et je ne suis pas une bête. Cela est fort vilain à vous, pour un grand seigneur, de prêter la main, comme vous faites, aux sottises de mon mari. Et vous, madame, pour une grande dame, cela n'est ni beau ni honnête à vous de mettre la dissention dans un ménage, et de souffrir que mon mari soit amoureux de vous.

DORIMÈNE.

Que veut donc dire tout ceci? Allez, Dorante, vous vous moquez de m'exposer aux sottes visions de cette extravagante.

DORANTE, *suivant Dorimène qui sort.*

Madame, holà! madame, où courez-vous?

M. JOURDAIN.

Madame..... Monsieur le comte, faites-lui mes excuses, et tâchez de la ramener.

SCÈNE III.

MADAME JOURDAIN, M. JOURDAIN, LAQUAIS.

M. JOURDAIN.

Ah! impertinente que vous êtes, voilà de vos beaux faits! vous me venez faire des affronts devant tout le monde; et vous chassez de chez moi des personnes de qualité.

MADAME JOURDAIN.

Je me moque de leur qualité.

M. JOURDAIN.

Je ne sais qui me tient, maudite, que je ne vous fende la tête avec les pièces du repas que vous êtes venue troubler.

(*Les laquais emportent la table.*)

MADAME JOURDAIN, *sortant*.

Je me moque de cela; ce sont mes droits que je défends; et j'aurai pour moi toutes les femmes.

M. JOURDAIN.

Vous faites bien d'éviter ma colère.

SCÈNE IV.

M. JOURDAIN, *seul*.

Elle est arrivée là bien malheureusement! j'étais en humeur de dire de jolies choses, et jamais je ne m'étais senti tant d'esprit.

Qu'est-ce que c'est que cela?

SCÈNE V.

M. JOURDAIN; COVIELLE, *déguisé.*

COVIELLE.

Monsieur, je ne sais pas si j'ai l'honneur d'être connu de vous.

M. JOURDAIN.

Non, monsieur.

COVIELLE, *étendant la main à un pied de terre.*

Je vous ai vu que vous n'étiez pas plus grand que cela.

M. JOURDAIN.

Moi?

COVIELLE.

Oui. Vous étiez le plus bel enfant du monde, et toutes les dames vous prenaient dans leurs bras pour vous baiser.

M. JOURDAIN.

Pour me baiser?

COVIELLE.

Oui. J'étais grand ami de feu monsieur votre père.

M. JOURDAIN.

De feu monsieur mon père?

COVIELLE.

Oui. C'était un fort honnête gentilhomme.

M. JOURDAIN.

Comment dites-vous?

ACTE IV, SCÈNE V.

COVIELLE.

Je dis que c'était un fort honnête gentilhomme.

M. JOURDAIN.

Mon père ?

COVIELLE.

Oui.

M. JOURDAIN.

Vous l'avez fort connu ?

COVIELLE.

Assurément.

M. JOURDAIN.

Et vous l'avez connu pour gentilhomme ?

COVIELLE.

Sans doute.

M. JOURDAIN.

Je ne sais donc pas comment le monde est fait.

COVIELLE.

Comment ?

M. JOURDAIN.

Il y a de sottes gens qui me veulent dire qu'il a été marchand.

COVIELLE.

Lui, marchand ? c'est pure médisance, il ne l'a jamais été. Tout ce qu'il faisait, c'est qu'il était fort obligeant, fort officieux ; et, comme il se connaissait fort bien en étoffes, il en allait choisir de tous les côtés, les faisait apporter chez lui, et en donnait à ses amis pour de l'argent.

M. JOURDAIN.

Je suis ravi de vous connaître, afin que vous

rendiez ce témoignage là, que mon père était gentilhomme.

COVIELLE.

Je le soutiendrai devant tout le monde.

M. JOURDAIN.

Vous m'obligerez. Quel sujet vous amène?

COVIELLE.

Depuis avoir connu feu monsieur votre père, honnête gentilhomme, comme je vous ai dit, j'ai voyagé par tout le monde.

M. JOURDAIN.

Par tout le monde?

COVIELLE.

Oui.

M. JOURDAIN.

Je pense qu'il y a bien loin en ce pays-là.

COVIELLE.

Assurément. Je ne suis revenu de tous mes longs voyages que depuis quatre jours; et, par l'intérêt que je prends à tout ce qui vous touche, je viens vous annoncer la meilleure nouvelle du monde.

M. JOURDAIN.

Quelle?

COVIELLE.

Vous savez que le fils du grand Turc est ici?

M. JOURDAIN.

Moi? non.

COVIELLE.

Comment! il a un train tout-à-fait magnifique;

tout le monde le va voir, et il a été reçu en ce pays comme un seigneur d'importance.

M. JOURDAIN.

Par ma foi, je ne savais pas cela.

COVIELLE.

Ce qu'il y a d'avantageux pour vous, c'est qu'il est amoureux de votre fille.

M. JOURDAIN.

Le fils du grand Turc?

COVIELLE.

Oui; et il veut être votre gendre.

M. JOURDAIN.

Mon gendre, le fils du grand Turc?

COVIELLE.

Le fils du grand Turc votre gendre. Comme je le fus voir, et que j'entends parfaitement sa langue, il s'entretint avec moi; et, après quelques autres discours, il me dit : *Acciam croc soler onch alla moustaphgidélum amanahem varahini oussere carbulath.* C'est-à-dire : N'as-tu point vu une jeune belle personne, qui est la fille de monsieur Jourdain, gentilhomme parisien?

M. JOURDAIN.

Le fils du grand Turc dit cela de moi?

COVIELLE.

Oui. Comme je lui eus répondu que je vous connaissais particulièrement, et que j'avais vu votre fille! *Ah!* me dit-il, *marababa sahem!* C'est-à-dire : Ah! que je suis amoureux d'elle!

M. JOURDAIN.
Marababa sahem veut dire, Ah! que je suis amoureux d'elle?

COVIELLE.
Oui.

M. JOURDAIN.
Par ma foi, vous faites bien de me le dire, car, pour moi, je n'aurais jamais cru que *marababa sahem* eût voulu dire, Ah! que je suis amoureux d'elle! Voilà une langue admirable que ce turc!

COVIELLE.
Plus admirable qu'on ne peut croire. Savez-vous bien ce que veut dire *cacaracamouchen?*

M. JOURDAIN.
Cacaracamouchen? non.

COVIELLE.
C'est-à-dire, ma chère ame.

M. JOURDAIN.
Cacaracamouchen veut dire ma chère ame?

COVIELLE.
Oui.

M. JOURDAIN.
Voilà qui est merveilleux! *Cacaracamouchen*, ma chère ame! Dirait-on jamais cela? Voilà qui me confond.

COVIELLE.
Enfin, pour achever mon ambassade, il vient vous demander votre fille en mariage; et, pour avoir un beau-père qui soit digne de lui, il veut

ACTE IV, SCÈNE V.

vous faire *mamamouchi*, qui est une certaine grande dignité de son pays.

M. JOURDAIN.

Mamamouchi ?

COVIELLE.

Oui, *mamamouchi* : c'est-à-dire, en notre langue, paladin. Paladin, ce sont de ces anciens... Paladin enfin. Il n'y a rien de plus noble que cela dans le monde ; et vous irez de pair avec les plus grands seigneurs de la terre.

M. JOURDAIN.

Le fils du grand Turc m'honore beaucoup : et je vous prie de me mener chez lui pour lui en faire mes remercîments.

COVIELLE.

Comment ! le voilà qui va venir ici.

M. JOURDAIN.

Il va venir ici ?

COVIELLE.

Oui ; et il amène toutes choses pour la cérémonie de votre dignité.

M. JOURDAIN.

Voilà qui est bien prompt.

COVIELLE.

Son amour ne peut souffrir aucun retardement.

M. JOURDAIN.

Tout ce qui m'embarrasse ici, c'est que ma fille est une opiniâtre, qui s'est allée mettre dans la tête un certain Cléonte ; et elle jure de n'épouser personne que celui-là.

COVIELLE.

Elle changera de sentiment, quand elle verra le fils du grand Turc; et puis il se rencontre ici une aventure merveilleuse, c'est que le fils du grand Turc ressemble à ce Cléonte, à peu de chose près. Je viens de le voir, on me l'a montré; et l'amour qu'elle a pour l'un pourra passer aisément à l'autre, et... Je l'entends venir; le voilà.

SCÈNE VI.

CLÉONTE, *en Turc;* TROIS PAGES, *portant la veste de Cléonte;* M. JOURDAIN, COVIELLE.

CLÉONTE.

Ambousahim oqui boraf, Giourdina, salamaléqui!

COVIELLE, *à M. Jourdain.*

C'est-à-dire: Monsieur Jourdain, votre cœur soit toute l'année comme un rosier fleuri! Ce sont façons de parler obligeantes de ces pays-là.

M. JOURDAIN.

Je suis très-humble serviteur de son altesse turque.

COVIELLE.

Carigar camboto oustin moraf.

CLÉONTE.

Oustin yoc catamaléqui basum base alla moram!

COVIELLE.

Il dit: Que le ciel vous donne la force des lions et la prudence des serpents!

ACTE IV, SCÈNE VIII.

M. JOURDAIN.

Son altesse turque m'honore trop; et je lui souhaite toutes sortes de prospérités.

COVIELLE.

Ossa binamen sadoc baballi oracaf ouram.

CLÉONTE.

Bel-men.

COVIELLE.

Il dit que vous alliez vite avec lui vous préparer pour la cérémonie, afin de voir ensuite votre fille, et de conclure le mariage.

M. JOURDAIN.

Tant de choses en deux mots?

COVIELLE.

Oui. La langue turque est comme cela, elle dit beaucoup en peu de paroles. Allez vîte où il souhaite.

SCÈNE VII.

COVIELLE, *seul*.

Ah! ah! ah! ma foi, cela est tout-à-fait drôle. Quelle dupe! Quand il aurait appris son rôle par cœur, il ne pourrait pas le mieux jouer. Ah! ah!

SCÈNE VIII.

DORANTE, COVIELLE.

COVIELLE.

Je vous prie, monsieur, de nous vouloir aider céans dans une affaire qui s'y passe.

DORANTE.

Ah! ah! Covielle, qui t'aurait reconnu? Comme te voilà ajusté!

COVIELLE.

Vous voyez. Ah! ah! ah!

DORANTE.

De quoi ris-tu?

COVIELLE.

D'une chose, monsieur, qui le mérite bien.

DORANTE.

Comment?

COVIELLE.

Je vous le donnerais en bien des fois, monsieur, à deviner le stratagême dont nous nous servons auprès de M. Jourdain, pour porter son esprit à donner sa fille à mon maître.

DORANTE.

Je ne devine point le stratagême; mais je devine qu'il ne manquera pas de faire son effet puisque tu l'entreprends.

COVIELLE.

Je sais, monsieur, que la bête vous est connue.

DORANTE.

Apprends-moi ce que c'est.

COVIELLE.

Prenez la peine de vous tirer un peu plus loin, pour faire place à ce que j'aperçois venir. Vous pourrez voir une partie de l'histoire, tandis que je vous conterai le reste.

SCÈNE IX.

CÉRÉMONIE TURQUE.

LE MUPHTI; DERVIS, TURCS, *assistants du muphti, chantants et dansants.*

PREMIÈRE ENTRÉE DE BALLET.

Six Turcs entrent gravement, deux à deux, au son des instruments. Ils portent trois tapis qu'ils lèvent fort haut, après en avoir fait, en dansant, plusieurs figures. Les Turcs chantants passent par-dessous ces tapis pour s'aller ranger aux deux côtés du théâtre. Le muphti, accompagné des dervis, ferme cette marche.

Alors les Turcs étendent les tapis par terre, et se mettent dessus à genoux. Le muphti et les dervis restent debout au milieu d'eux; et pendant que le muphti invoque Mahomet en faisant beaucoup de contorsions et de grimaces sans proférer une seule parole, les Turcs assistants se prosternent jusqu'à terre, en chantant alli, *lèvent les bras au ciel en chantant* alla, *ce qu'ils continuent jusqu'à la fin de l'invocation* alla ekber; *et deux dervis vont chercher M. Jourdain.*

SCÈNE X.

LE MUPHTI; DERVIS, TURCS, *chantants et dansants;* M. JOURDAIN, *vêtu à la turque, la tête rasée, sans turban et sans sabre.*

LE MUPHTI, *à M. Jourdain.*
Sé ti sabir,
Ti respondir;
Sé non sabir,
Tazir, tazir.

Mi star muphti;
Ti qui star ti?
Non intendir;
Tazir, tazir.

(*Deux dervis font retirer M. Jourdain.*)

SCÈNE XI.

LE MUPHTI; DERVIS, TURCS, *chantants et dansants.*

LE MUPHTI.
Dicé, Turqué, qui star quista.
Anabatista? anabatista?

LES TURCS.
Ioc.

LE MUPHTI.
Zuinglista?

ACTE IV, SCÈNE XI.
LES TURCS.
Ioc.
LE MUPHTI.
Coffita?
LES TURCS.
Ioc.
LE MUPHTI.
Hussita? Morista? Fronista?
LES TURCS.
Ioc, ioc, ioc.
LE MUPHTI.
Ioc, ioc, ioc. Star pagana?
LES TURCS.
Ioc.
LE MUPHTI.
Lutérana?
LES TURCS.
Ioc.
LE MUPHTI.
Puritana?
LES TURCS.
Ioc.
LE MUPHTI.
Bramina? Moffina? Zurina?
LES TURCS.
Ioc, ioc, ioc.
LE MUPHTI.
Ioc, ioc, ioc. Mahamétana? mahamétana?
LES TURCS.
Hi valla. Hi valla.

LE MUPHTI.
Como chamara? Como chamara?
LES TURCS.
Giourdina, Giourdina.
LE MUPHTI, *sautant.*
Giourdina, Giourdina.
LES TURCS.
Giourdina, Giourdina.
LE MUPHTI.
Mahaméta, per Giourdina,
Mi prégar, séra é matina.
Voler far un paladina
De Giourdina, de Giourdina;
Dar turbanta é dar scarrina,
Con galéra é brigantina,
Per deffender Palestina.
Mahaméta, per Giourdina,
Mi prégar, séra é matina.
(aux Turcs.)
Star bon Turca Giourdina?
LES TURCS.
Hi valla, Hi valla.
LE MUPHTI, *chantant et dansant.*
Ha la ba, ba la chou, ba la ba, ba la da.
LES TURCS.
Ha la ba, ba la chou, ba la ba, ba la da.

SCÈNE XII.

TURCS *chantants et dansants.*

DEUXIÈME ENTRÉE DE BALLET.

SCÈNE XIII.

LE MUPHTI, DERVIS, M. JOURDAIN, TURCS *chantants et dansants.*

Le muphti revient coiffé avec son turban de cérémonie, qui est d'une grosseur démesurée, et garni de bougies allumées à quatre ou cinq rangs; il est accompagné de deux dervis qui portent l'alcoran, et qui ont des bonnets pointus, garnis aussi de bougies allumées.

Les deux autres dervis amènent M. Jourdain, et le font mettre à genoux les mains par terre, de façon que son dos, sur lequel est mis l'alcoran, sert de pupitre au muphti, qui fait une seconde invocation burlesque, fronçant le sourcil, frappant de temps en temps sur l'alcoran, et tournant les feuillets avec précipitation; après quoi, en levant les bras au ciel, le muphti crie à haute voix, hou.

Pendant cette seconde invocation, les Turcs assistants, s'inclinant et se relevant alternativement, chantent aussi, hou, hou, hou.

M. JOURDAIN, *après qu'on lui a ôté l'alcoran de dessus le dos.*

Ouf.

LE MUPHTI, *à M. Jourdain.*

Ti non star furba?

LES TURCS.

No, no, no.

LE MUPHTI.

Non star forfanta?

LES TURCS.

No, no, no.

LE MUPHTI, *aux Turcs.*

Donar turbanta.

LES TURCS.

Ti non star furba?
No, no, no.
Non star forfanta?
No, no, no.
Donar turbanta.

TROISIÈME ENTRÉE DE BALLET.

Les Turcs dansants mettent le turban sur la tête de M. Jourdain au son des instruments.

LE MUPHTI, *donnant le sabre à M. Jourdain.*

Ti star nobile, non star fabbola.
Pigliar schiabbola.

LES TURCS, *mettant le sabre à la main.*

Ti star nobile, non star fabbola.
Pigliar schiabbola.

QUATRIÈME ENTRÉE DE BALLET.

Les Turcs dansants donnent, en cadence, plusieurs coups de sabre à M. Jourdain.

LE MUPHTI.
Dara, dara
Bastonnara.

LES TURCS.
Dara, dara.
Bastonnara.

CINQUIÈME ENTRÉE DE BALLET.

Les Turcs dansants donnent à M. Jourdain des coups de bâton en cadence.

LE MUPHTI.
Non tener honta,
Questa star l'ultima affronta.

LES TURCS.
Non tener honta,
Questa star l'ultima affronta.

Le muphti commence une troisième invocation. Les dervis le soutiennent par-dessous les bras avec respect; après quoi les Turcs chantants et dansants, sautant autour du muphti, se retirent avec lui et emmènent M. Jourdain.

FIN DU QUATRIÈME ACTE.

ACTE CINQUIÈME.

SCÈNE I.

MADAME JOURDAIN, M. JOURDAIN.

MADAME JOURDAIN.

Ah! mon dieu! miséricorde! Qu'est-ce que c'est donc que cela? quelle figure! Est-ce un momon que vous allez porter? Est-il temps d'aller en masque? Parlez donc, et qu'est-ce que c'est que ceci? Qui vous a fagoté comme cela?

M. JOURDAIN.

Voyez l'impertinente de parler de la sorte à un *mamamouchi*.

MADAME JOURDAIN.

Comment donc?

M. JOURDAIN.

Oui, il me faut porter du respect maintenant, et l'on vient de me faire *mamamouchi*.

MADAME JOURDAIN.

Que voulez-vous dire avec votre *mamamouchi*?

M. JOURDAIN.

Mamamouchi, vous dis-je. Je suis *mamamouchi*.

MADAME JOURDAIN.

Quelle bête est-ce là?

ACTE V, SCÈNE I.

M. JOURDAIN.

Mamamouchi, c'est-à-dire, en notre langue, *paladin*.

MADAME JOURDAIN.

Baladin? Etes-vous en âge de danser des ballets?

M. JOURDAIN.

Quelle ignorante! Je dis paladin; c'est une dignité dont on vient de me faire la cérémonie.

MADAME JOURDAIN.

Quelle cérémonie donc?

M. JOURDAIN.

Mahaméta per Giourdina.

MADAME JOURDAIN.

Qu'est-ce que cela veut dire?

M. JOURDAIN.

Giourdina, c'est-à-dire Jourdain.

MADAME JOURDAIN.

Hé bien, quoi, Jourdain?

M. JOURDAIN.

Voler far un paladina dé Giourdina.

MADAME JOURDAIN.

Comment?

M. JOURDAIN.

Dar turbanta con galéra.

MADAME JOURDAIN.

Qu'est-ce à dire cela?

M. JOURDAIN.

Per deffender Palestina.

MADAME JOURDAIN.

Que voulez-vous donc dire?

M. JOURDAIN.
Dara, dara bastonnara.
MADAME JOURDAIN.
Qu'est-ce donc que ce jargon-là ?
M. JOURDAIN.
Non tener honta, questa star l'ultima affronta.
MADAME JOURDAIN.
Qu'est-ce donc que tout cela ?
M. JOURDAIN, *chantant et dansant.*
Hou la ba, ba la chou, ba la ba, ba la da.
(*Il tombe par terre.*)
MADAME JOURDAIN.
Hélas ! mon dieu ! mon mari est devenu fou.
M. JOURDAIN, *se relevant et s'en allant.*
Paix, insolente. Portez respect à monsieur le *mamamouchi.*
MADAME JOURDAIN, *seule.*
Où est-ce donc qu'il a perdu l'esprit ? Courons l'empêcher de sortir. (*apercevant Dorimène et Dorante.*) Ah ! ah ! voici justement le reste de notre écu. Je ne vois que chagrin de tous côtés.

SCÈNE II.

DORANTE, DORIMÈNE.

DORANTE.
Oui, madame, vous verrez la plus plaisante chose qu'on puisse voir ; et je ne crois pas que dans tout le monde il soit possible de trouver encore un homme aussi fou que celui-là. Et puis, madame,

il faut tâcher de servir l'amour de Cléonte, et d'appuyer toute sa mascarade. C'est un fort galant homme et qui mérite que l'on s'intéresse pour lui.

DORIMÈNE.

J'en fais beaucoup de cas, et il est digne d'une bonne fortune.

DORANTE.

Outre cela, nous avons ici, madame, un ballet qui nous revient, que nous ne devons pas laisser perdre; et il faut bien voir si mon idée pourra réussir.

DORIMÈNE.

J'ai vu là des apprêts magnifiques; et ce sont des choses, Dorante, que je ne puis plus souffrir. Oui, je veux enfin vous empêcher vos profusions; et, pour rompre le cours à toutes les dépenses que je vous vois faire pour moi, j'ai résolu de me marier promptement avec vous. C'en est le vrai secret; et toutes ces choses finissent avec le mariage.

DORANTE.

Ah! madame, est-il possible que vous ayez pu prendre pour moi une si douce résolution!

DORIMÈNE.

Ce n'est que pour vous empêcher de vous ruiner; et, sans cela, je vois bien qu'avant qu'il fût peu vous n'auriez pas un sou.

DORANTE.

Que j'ai d'obligation, madame, aux soins que vous avez de conserver mon bien! Il est entière-

ment à vous, aussi bien que mon cœur; et vous en userez de la façon qu'il vous plaira.
DORIMÈNE.
J'userai bien de tous les deux. Mais voici votre homme; la figure en est admirable.

SCÈNE III.
M. JOURDAIN, DORIMÈNE, DORANTE.
DORANTE.
Monsieur, nous venons rendre hommage, madame et moi, à votre nouvelle dignité, et nous réjouir avec vous du mariage que vous faites de votre fille avec le fils du grand Turc.

M. JOURDAIN, *après avoir fait les révérences à la turque.*
Monsieur, je vous souhaite la force des serpents et la prudence des lions.

DORIMÈNE.
J'ai été bien aise d'être des premières, monsieur, à venir vous féliciter du haut degré de gloire où vous êtes monté.

M. JOURDAIN.
Madame, je vous souhaite toute l'année votre rosier fleuri. Je vous suis infiniment obligé de prendre part aux honneurs qui m'arrivent; et j'ai beaucoup de joie de vous voir revenue ici, pour vous faire les très-humbles excuses de l'extravagance de ma femme.

ACTE V, SCÈNE IV.

DORIMÈNE.

Cela n'est rien, j'excuse en elle un pareil mouvement : votre cœur lui doit être précieux, et il n'est pas étrange que la possession d'un homme comme vous puisse inspirer quelques alarmes.

M. JOURDAIN.

La possession de mon cœur est une chose qui vous est tout acquise.

DORANTE.

Vous voyez, madame, que monsieur Jourdain n'est pas de ces gens que les prospérités aveuglent, et qu'il sait, dans sa grandeur, connaître encore ses amis.

DORIMÈNE.

C'est la marque d'une ame tout-à-fait généreuse.

DORANTE.

Où est donc son altesse turque ? Nous voudrions bien, comme vos amis, lui rendre nos devoirs.

M. JOURDAIN.

Le voilà qui vient ; et j'ai envoyé quérir ma fille pour lui donner la main.

SCÈNE IV.

M. JOURDAIN, DORIMÈNE, DORANTE; CLÉONTE, *habillé en Turc.*

DORANTE, *à Cléonte.*

Monsieur, nous venons faire la révérence à votre altesse comme amis de monsieur votre beau-père, et l'assurer, avec respect, de nos très-humbles services.

M. JOURDAIN.

Où est le truchement, pour lui dire qui vous êtes, et lui faire entendre ce que vous dites? Vous verrez qu'il vous répondra, et il parle turc à merveille. Holà! où diantre est-il allé? (*à Cléonte.*) Strouf, strif, strof, straf: monsieur est un *grande ségnore*, *grande ségnore*, *grande ségnore*; et madame une *granda dama*, *granda dama*. (*voyant qu'il ne se fait point entendre.*) Ah! (*à Cléonte, montrant Dorante.*) Monsieur, lui *mamamouchi* français; et madame, *mamamouchi* française. Je ne puis pas parler plus clairement. Bon, voici l'interprète.

SCÈNE V.

M. JOURDAIN, DORIMÈNE, DORANTE, CLÉONTE, *habillé en Turc;* COVIELLE *déguisé.*

M. JOURDAIN.

Où allez-vous donc? nous ne saurions rien dire sans vous. (*montrant Cléonte.*) Dites-lui un peu que monsieur et madame sont des personnes de grande qualité, qui lui viennent faire la révérence, comme mes amis, et l'assurer de leurs services. (*à Dorimène et à Dorante.*) Vous allez voir comme il va répondre.

COVIELLE.

Alabala crociam acci boram alabamen.

CLÉONTE.
Cataléqui tubal ourin soter amalouchan!

M. JOURDAIN, *à Dorimène et à Dorante.*
Voyez-vous?

COVIELLE.
Il dit: Que la pluie des prospérités arrose en tout temps le jardin de votre famille.

M. JOURDAIN.
Je vous l'avais bien dit qu'il parle turc.

DORANTE.
Cela est admirable.

SCÈNE VI.

LUCILE, CLÉONTE, M. JOURDAIN, DORIMÈNE, DORANTE, COVIELLE.

M. JOURDAIN.
Venez, ma fille, approchez-vous, et venez donner la main à monsieur, qui vous fait l'honneur de vous demander en mariage.

LUCILE.
Comment, mon père! comme vous voilà fait! Est-ce une comédie que vous jouez?

M. JOURDAIN.
Non, non, ce n'est pas une comédie; c'est une affaire fort sérieuse, et la plus pleine d'honneur pour vous qui se peut souhaiter. (*montrant Cléonte.*) Voilà le mari que je vous donne.

LUCILE.
A moi, mon père?

M. JOURDAIN.

Oui, à vous. Allons, touchez-lui dans la main, et rendez grâce au ciel de votre bonheur.

LUCILE.

Je ne veux point me marier.

M. JOURDAIN.

Je le veux, moi, qui suis votre père.

LUCILE.

Je n'en ferai rien.

M. JOURDAIN.

Ah! que de bruit! Allons, vous dis-je; çà, votre main.

LUCILE.

Non, mon père, je vous l'ai dit, il n'est point de pouvoir qui me puisse obliger à prendre un autre mari que Cléonte; et je me résoudrai plutôt à toutes les extrémités, que de... (*reconnaissant Cléonte.*) Il est vrai que vous êtes mon père, je vous dois entière obéissance; et c'est à vous à disposer de moi selon vos volontés.

M. JOURDAIN.

Ah! je suis ravi de vous voir si promptement revenue dans votre devoir; et voilà qui me plaît d'avoir une fille obéissante.

SCÈNE VII.

MADAME JOURDAIN, CLÉONTE, M. JOURDAIN, LUCILE, DORANTE, DORIMENE, COVIELLE.

MADAME JOURDAIN.

Comment donc! qu'est-ce que c'est que ceci? On dit que vous voulez donner votre fille en mariage à un carême-prenant.

M. JOURDAIN.

Voulez-vous vous taire, impertinente? Vous venez toujours mêler vos extravagances à toutes choses, et il n'y a pas moyen de vous apprendre à être raisonnable.

MADAME JOURDAIN.

C'est vous qu'il n'y a pas moyen de rendre sage, et vous allez de folie en folie. Quel est votre dessein? et que voulez-vous faire avec cet assemblage?

M. JOURDAIN.

Je veux marier notre fille avec le fils du grand Turc.

MADAME JOURDAIN.

Avec le fils du grand Turc?

M. JOURDAIN.

Oui. (*montrant Covielle.*) Faites-lui faire vos compliments par le truchement que voilà.

MADAME JOURDAIN.

Je n'ai que faire du truchement; et je lui dirai

bien moi-même, à son nez, qu'il n'aura point ma fille.

M. JOURDAIN.

Voulez-vous vous taire, encore une fois?

DORANTE.

Comment! madame Jourdain, vous vous opposez à un bonheur comme celui-là? Vous refusez son altesse turque pour gendre?

MADAME JOURDAIN.

Mon dieu! monsieur, mêlez-vous de vos affaires.

DORIMÈNE.

C'est une grande gloire qui n'est pas à rejeter.

MADAME JOURDAIN.

Madame, je vous prie aussi de ne vous point embarrasser de ce qui ne vous touche pas.

DORANTE.

C'est l'amitié que nous avons pour vous qui nous fait intéresser dans vos avantages.

MADAME JOURDAIN.

Je me passerai bien de votre amitié.

DORANTE.

Voilà votre fille qui consent aux volontés de son père.

MADAME JOURDAIN.

Ma fille consent à épouser un Turc?

DORANTE.

Sans doute.

MADAME JOURDAIN.

Elle peut oublier Cléonte?

ACTE V, SCÈNE VII.

DORANTE.

Que ne fait-on pour être grande dame?

MADAME JOURDAIN.

Je l'étranglerais de mes mains, si elle avait fait un coup comme celui-là.

M. JOURDAIN.

Voilà bien du caquet. Je vous dis que ce mariage-là se fera.

MADAME JOURDAIN.

Je vous dis, moi, qu'il ne se fera point.

M. JOURDAIN.

Ah! que de bruit!

LUCILE.

Ma mère...

MADAME JOURDAIN.

Allez, vous êtes une coquine.

M. JOURDAIN, *à madame Jourdain.*

Quoi! vous la querellez de ce qu'elle m'obéit?

MADAME JOURDAIN.

Oui. Elle est à moi aussi bien qu'à vous.

COVIELLE, *à madame Jourdain.*

Madame...

MADAME JOURDAIN.

Que me voulez-vous conter, vous?

COVIELLE.

Un mot.

MADAME JOURDAIN.

Je n'ai que faire de votre mot.

COVIELLE, *à M. Jourdain.*

Monsieur, si elle veut écouter une parole en particulier, je vous promets de la faire consentir à ce que vous voulez.

MADAME JOURDAIN.

Je n'y consentirai point.

COVIELLE.

Ecoutez-moi, seulement.

MADAME JOURDAIN.

Non.

M. JOURDAIN, *à madame Jourdain.*

Ecoutez-le.

MADAME JOURDAIN.

Non, je ne veux pas l'écouter.

M. JOURDAIN.

Il vous dira...

MADAME JOURDAIN.

Je ne veux point qu'il me dise rien.

M. JOURDAIN.

Voilà une grande obstination de femme! Cela vous ferait-il mal de l'entendre?

COVIELLE.

Ne faites que m'écouter, vous ferez après ce qu'il vous plaira.

MADAME JOURDAIN.

Hé bien, quoi?

COVIELLE, *bas, à madame Jourdain.*

Il y a une heure, madame, que nous vous faisons signe. Ne voyez-vous pas bien que tout ceci n'est fait que pour nous ajuster aux visions de votre mari, que nous l'abusons sous ce déguisement, et que c'est Cléonte lui-même qui est le fils du grand Turc?

MADAME JOURDAIN, *bas, à Covielle.*
Ah! ah!

COVIELLE, *bas, à madame Jourdain.*
Et moi Covielle, qui suis le truchement?

MADAME JOURDAIN, *bas, à Covielle.*
Ah! comme cela, je me rends.

COVIELLE, *bas, à madame Jourdain.*
Ne faites pas semblant de rien.

MADAME JOURDAIN, *haut.*
Oui, voilà qui est fait; je consens au mariage.

M. JOURDAIN.
Ah! voilà tout le monde raisonnable. (*à madame Jourdain.*) Vous ne vouliez pas l'écouter. Je savais bien qu'il vous expliquerait ce que c'est que le fils du grand Turc.

MADAME JOURDAIN.
Il me l'a expliqué comme il faut; et j'en suis satisfaite. Envoyons quérir un notaire.

DORANTE.
C'est fort bien dit. Et afin, madame Jourdain, que vous puissiez avoir l'esprit tout-à-fait content, et que vous perdiez aujourd'hui toute la jalousie que vous pourriez avoir conçue de monsieur votre mari, c'est que nous nous servirons du même notaire pour nous marier, madame et moi.

MADAME JOURDAIN.
Je consens aussi à cela.

M. JOURDAIN, *bas, à Dorante.*

C'est pour lui faire accroire.

DORANTE, *bas, à M. Jourdain.*

Il faut bien l'amuser avec cette feinte.

M. JOURDAIN, *bas.*

Bon, bon. (*haut.*) Qu'on aille quérir le notaire.

DORANTE.

Tandis qu'il viendra, et qu'il dressera les contrats, voyons notre ballet, et donnons-en le divertissement à son altesse turque.

M. JOURDAIN.

C'est fort bien avisé. Allons prendre nos places.

MADAME JOURDAIN.

Et Nicole?

M. JOURDAIN.

Je la donne au truchement; et ma femme, à qui la voudra.

COVIELLE.

Monsieur, je vous remercie. (*à part.*) Si l'on en peut voir un plus fou, je l'irai dire à Rome.

FIN DU BOURGEOIS GENTILHOMME.

LES FOURBERIES
DE SCAPIN,
COMÉDIE
EN TROIS ACTES.
1671.

PERSONNAGES.

ARGANTE, père d'Octave et de Zerbinette.
GÉRONTE, père de Léandre et d'Hyacinthe.
OCTAVE, fils d'Argante et amant d'Hyacinthe.
LÉANDRE, fils de Géronte et amant de Zerbinette.
ZERBINETTE, crue Egyptienne, et reconnue fille d'Argante, amante de Léandre.
HYACINTHE, fille de Géronte et amante d'Octave.
SCAPIN, valet de Léandre.
SILVESTRE, valet d'Octave.
NÉRINE, nourrice d'Hyacinthe.
CARLE, ami de Scapin.
DEUX PORTEURS.

La scène est à Naples.

LES FOURBERIES DE SCAPIN,

COMÉDIE.

ACTE PREMIER.

SCÈNE I.

OCTAVE, SILVESTRE.

OCTAVE.

Ah! fâcheuses nouvelles pour un cœur amoureux! Dures extrémités où je me vois réduit! Tu viens, Silvestre, d'apprendre au port que mon père revient?

SILVESTRE.

Oui.

OCTAVE.

Qu'il arrive ce matin même?

SILVESTRE.

Ce matin même.

OCTAVE.
Et qu'il revient dans la résolution de me marier?
SILVESTRE.
Oui.
OCTAVE.
Avec une fille du seigneur Géronte?
SILVESTRE.
Du seigneur Géronte.
OCTAVE.
Et que cette fille est mandée de Tarente ici pour cela?
SILVESTRE.
Oui.
OCTAVE.
Et tu tiens ces nouvelles de mon oncle?
SILVESTRE.
De votre oncle.
OCTAVE.
A qui mon père les a mandées par une lettre?
SILVESTRE.
Par une lettre.
OCTAVE.
Et cet oncle, dis-tu, sait toutes nos affaires?
SILVESTRE.
Toutes nos affaires.
OCTAVE.
Ah! parle si tu veux, et ne te fais point, de la sorte, arracher les mots de la bouche.
SILVESTRE.
Qu'ai-je à parler davantage? Vous n'oubliez au-

cune circonstance, et vous dites les choses tout justement comme elles sont.

OCTAVE.

Conseille-moi du moins, et me dis ce que je dois faire dans ces cruelles conjonctures.

SILVESTRE.

Ma foi, je m'y trouve autant embarrassé que vous; et j'aurais bon besoin que l'on me conseillât moi-même.

OCTAVE.

Je suis assassiné par ce maudit retour.

SILVESTRE.

Je ne le suis pas moins.

OCTAVE.

Lorsque mon père apprendra les choses, je vais voir fondre sur moi un orage soudain d'impétueuses réprimandes.

SILVESTRE.

Les réprimandes ne sont rien; et plût au ciel que j'en fusse quitte à ce prix ! Mais j'ai bien la mine, pour moi, de payer plus cher vos folies; et je vois se former de loin un nuage de coups de bâton qui crèvera sur mes épaules.

OCTAVE.

O ciel ! par où sortir de l'embarras où je me trouve ?

SILVESTRE.

C'est à quoi vous deviez songer avant que de vous y jeter.

OCTAVE.

Ah! tu me fais mourir par tes leçons hors de saison.

SILVESTRE.

Vous me faites bien plus mourir par vos actions étourdies.

OCTAVE.

Que dois-je faire? Quelle résolution prendre? A quel remède recourir?

SCÈNE II.

OCTAVE, SCAPIN, SILVESTRE.

SCAPIN.

Qu'est-ce, seigneur Octave? Qu'avez-vous? Qu'y a-t-il? Quel désordre est-ce là? je vous vois tout troublé.

OCTAVE.

Ah! mon pauvre Scapin, je suis perdu, je suis désespéré, je suis le plus infortuné de tous les hommes.

SCAPIN.

Comment?

OCTAVE.

N'as-tu rien appris de ce qui me regarde?

SCAPIN.

Non.

OCTAVE.

Mon père arrive avec le seigneur Géronte; et ils me veulent marier.

ACTE I, SCÈNE II.

SCAPIN.

Hé bien! qu'y a-t-il là de si funeste?

OCTAVE.

Hélas! tu ne ne sais pas la cause de mon inquiétude?

SCAPIN.

Non : mais il ne tiendra qu'à vous que je ne la sache bientôt ; et je suis homme consolatif, homme à m'intéresser aux affaires des jeunes gens.

OCTAVE.

Ah! Scapin, si tu pouvais trouver quelque invention, forger quelque machine, pour me tirer de la peine où je suis, je croirais t'être redevable de plus que de la vie.

SCAPIN.

A vous dire la vérité, il y a peu de choses qui me soient impossibles, quand je m'en veux mêler. J'ai sans doute reçu du ciel un génie assez beau pour toutes les fabriques de ces gentillesses d'esprit, de ces galanteries ingénieuses, à qui le vulgaire ignorant donne le nom de fourberies; et je puis dire, sans vanité, qu'on n'a guère vu d'homme qui fût plus habile ouvrier de ressorts et d'intrigues, qui ait acquis plus de gloire que moi dans ce noble métier. Mais, ma foi, le mérite est trop maltraité aujourd'hui ; et j'ai renoncé à toutes choses, depuis certain chagrin d'une affaire qui m'arriva.

OCTAVE.

Comment? quelle affaire, Scapin?

SCAPIN.

Une aventure, où je me brouillai avec la justice.

OCTAVE.

La justice?

SCAPIN.

Oui : nous eûmes un petit démêlé ensemble.

SILVESTRE.

Toi et la justice?

SCAPIN.

Oui. Elle en usa fort mal avec moi ; et je me dépitai de telle sorte contre l'ingratitude du siècle, que je résolus de ne plus rien faire. Baste : ne laissez pas de me conter votre aventure.

OCTAVE.

Tu sais, Scapin, qu'il y a deux mois que le seigneur Géronte et mon père s'embarquèrent ensemble pour un voyage qui regarde certain commerce où leurs intérêts sont mêlés.

SCAPIN.

Je sais cela.

OCTAVE.

Et que Léandre et moi nous fûmes laissés par nos pères, moi sous la conduite de Silvestre, et Léandre sous ta direction.

SCAPIN.

Oui. Je me suis fort bien acquitté de ma charge.

OCTAVE.

Quelque temps après, Léandre fit rencontre d'une jeune Egyptienne dont il devint amoureux.

ACTE I, SCÈNE II.

SCAPIN.

Je sais cela encore.

OCTAVE.

Comme nous sommes grands amis, il me fit aussitôt confidence de son amour, et me mena voir cette fille, que je trouvai belle, à la vérité, mais non pas tant qu'il voulait que je la trouvasse. Il ne m'entretenait que d'elle chaque jour, m'exagérait à tous moments sa beauté et sa grâce, me louait son esprit; et me parlait avec transport des charmes de son entretien, dont il me rapportait jusqu'aux moindres paroles, qu'il s'efforçait toujours de me faire trouver les plus spirituelles du monde. Il me querellait quelquefois de n'être pas assez sensible aux choses qu'il me venait dire, et me blâmait sans cesse de l'indifférence où j'étais pour les feux de l'amour.

SCAPIN.

Je ne vois pas encore où ceci veut aller.

OCTAVE.

Un jour que je l'accompagnais pour aller chez les gens qui gardent l'objet de ses vœux, nous entendîmes, dans une petite maison d'une rue écartée, quelques plaintes mêlées de beaucoup de sanglots. Nous demandons ce que c'est: une femme nous dit en soupirant que nous pouvions voir là quelque chose de pitoyable en des personnes étrangères, et qu'à moins que d'être insensibles, nous en serions touchés.

SCAPIN.
Où est-ce que cela nous mène?
OCTAVE.
La curiosité me fit presser Léandre de voir ce que c'était. Nous entrons dans une salle, où nous voyons une vieille femme mourante, assistée d'une servante qui faisait des regrets, et d'une jeune fille toute fondante en larmes, la plus belle et la plus touchante qu'on puisse jamais voir.
SCAPIN.
Ah! ah!
OCTAVE.
Une autre aurait paru effroyable en l'état où elle était; car elle n'avait pour habillement qu'une méchante petite jupe, avec des brassières de nuit qui étaient de simple futaine; et sa coiffure était une cornette jaune, retroussée au haut de sa tête, qui laissait tomber en désordre ses cheveux sur ses épaules : et cependant, faite comme cela, elle brillait de mille attraits, et ce n'était qu'agréments et que charmes que toute sa personne.
SCAPIN.
Je sens venir les choses.
OCTAVE.
Si tu l'avais vue, Scapin, en l'état que je dis, tu l'aurais trouvée admirable.
SCAPIN.
Oh! je n'en doute point; et sans l'avoir vue, je vois bien qu'elle était tout-à-fait charmante.

ACTE I, SCÈNE II.

OCTAVE.

Ses larmes n'étaient point de ces larmes désagréables qui défigurent un visage ; elle avait à pleurer une grâce touchante, et sa douleur était la plus belle du monde.

SCAPIN.

Je vois tout cela.

OCTAVE.

Elle faisait fondre chacun en larmes, en se jetant amoureusement sur le corps de cette mourante, qu'elle appelait sa chère mère ; et n'y avait personne qui n'eût l'ame percée de voir un si bon naturel.

SCAPIN.

En effet, cela est touchant ; et je vois bien que ce bon naturel-là vous la fit aimer.

OCTAVE.

Ah ! Scapin, un barbare l'aurait aimée !

SCAPIN.

Assurément. Le moyen de s'en empêcher !

OCTAVE.

Après quelques paroles dont je tâchai d'adoucir la douleur de cette charmante affligée, nous sortîmes de là ; et demandant à Léandre ce qu'il lui semblait de cette personne, il me répondit froidement qu'il la trouvait assez jolie. Je fus piqué de la froideur avec laquelle il m'en parlait, et je ne voulus point lui découvrir l'effet que ses beautés avaient fait sur mon ame.

SILVESTRE, *à Octave.*

Si vous n'abrégez ce récit, nous en voilà pour jusqu'à demain. Laissez-le moi finir en deux mots. (*à Scapin.*) Son cœur prend feu dès ce moment; il ne saurait plus vivre qu'il n'aille consoler son aimable affligée. Ses fréquentes visites sont rejetées de la servante, devenue la gouvernante par le trépas de la mère. Voilà mon homme au désespoir. Il presse, supplie, conjure; point d'affaire. On lui dit que la fille, quoique sans bien et sans appui, est de famille honnête, et qu'à moins que de l'épouser on ne peut souffrir ses poursuites. Voilà son amour augmenté par les difficultés. Il consulte dans sa tête, agite, raisonne, balance, prend sa résolution; le voilà marié avec elle depuis trois jours.

SCAPIN.

J'entends.

SILVESTRE.

Maintenant, mets avec cela le retour imprévu du père, qu'on n'attendait que dans deux mois, la découverte que l'oncle a faite du secret de notre mariage, et l'autre mariage qu'on veut faire de lui avec la fille que le seigneur Géronte a eue d'une seconde femme qu'on dit qu'il a épousée à Tarente.

OCTAVE.

Et, par dessus tout cela, mets encore l'indigence où se trouve cette aimable personne, et l'impuissance où je me vois d'avoir de quoi la secourir.

SCAPIN.

Est-ce là tout ? vous voilà bien embarrassés tous deux pour une bagatelle ! C'est bien là de quoi se tant alarmer ! N'as-tu point de honte, toi, de demeurer court à si peu de chose ? Que diable ! te voilà grand et gros comme père et mère, et tu ne saurais trouver dans ta tête, forger dans ton esprit, quelque ruse galante, quelque honnête petit stratagême, pour ajuster vos affaires ! Fi ! peste soit du butor ! Je voudrais bien que l'on m'eût donné autrefois nos vieillards à duper, je les aurais joués tous deux par dessous la jambe ; et je n'étais pas plus grand que cela, que je me signalais déjà par cent tours d'adresse jolis.

SILVESTRE.

J'avoue que le ciel ne m'a pas donné tes talents, et que je n'ai pas l'esprit, comme toi, de me brouiller avec la justice.

OCTAVE.

Voici mon aimable Hyacinthe.

SCÈNE III.

HYACINTHE, OCTAVE, SCAPIN, SILVESTRE.

HYACINTHE.

Ah ! Octave, est-il vrai ce que Sylvestre vient de dire à Nérine, que votre père est de retour, et qu'il veut vous marier ?

OCTAVE.

Oui, belle Hyacinthe; et ces nouvelles m'ont donné une atteinte cruelle. Mais que vois-je? vous pleurez! Pourquoi ces larmes? me soupçonnez-vous, dites-moi, de quelque infidélité? et n'êtes-vous pas assurée de l'amour que j'ai pour vous?

HYACINTHE.

Oui, Octave, je suis sûre que vous m'aimez, mais je ne le suis pas que vous m'aimiez toujours.

OCTAVE.

Hé! peut-on vous aimer qu'on ne vous aime toute sa vie?

HYACINTHE.

J'ai ouï dire, Octave, que votre sexe aime moins long-temps que le nôtre, et que les ardeurs que les hommes font voir sont des feux qui s'éteignent aussi facilement qu'ils naissent.

OCTAVE.

Ah! ma chère Hyacinthe, mon cœur n'est donc pas fait comme celui des autres hommes; et je sens bien, pour moi, que je vous aimerai jusqu'au tombeau.

HYACINTHE.

Je veux croire que vous sentez ce que vous dites, et je ne doute point que vos paroles ne soient sincères; mais je crains un pouvoir qui combattra dans votre cœur les tendres sentiments que vous pouvez avoir pour moi. Vous dépendez d'un père qui veut vous marier à une autre personne; et je suis sûre que je mourrai, si ce malheur m'arrive.

ACTE I, SCÈNE III.

OCTAVE.

Non, belle Hyacinthe, il n'y a point de père qui puisse me contraindre à vous manquer de foi ; et je me résoudrai à quitter mon pays et le jour même, s'il est besoin, plutôt qu'à vous quitter. J'ai déjà pris, sans l'avoir vue, une aversion effroyable pour celle que l'on me destine ; et, sans être cruel, je souhaiterais que la mer l'écartât d'ici pour jamais. Ne pleurez donc point, je vous prie, mon aimable Hyacinthe ; car vos larmes me tuent, et je ne les puis voir sans me sentir percer le cœur.

HYACINTHE.

Puisque vous le voulez, je veux bien essuyer mes pleurs ; et j'attendrai, d'un œil constant, ce qu'il plaira au ciel de résoudre de moi.

OCTAVE.

Le ciel nous sera favorable.

HYACINTHE.

Il ne saurait m'être contraire, si vous m'êtes fidèle.

OCTAVE.

Je le serai assurément.

HYACINTHE.

Je serai donc heureuse.

SCAPIN, *à part*.

Elle n'est point tant sotte, ma foi ; et je la trouve assez passable.

OCTAVE, *montrant Scapin*.

Voici un homme qui pourrait bien, s'il le voulait, nous être, dans tous nos besoins, d'un secours merveilleux.

SCAPIN.

J'ai fait de grands serments de ne me mêler plus du monde ; mais si vous m'en priez bien fort tous deux, peut-être...

OCTAVE.

Ah ! s'il ne tient qu'à te prier bien fort pour obtenir ton aide, je te conjure de tout mon cœur de prendre la conduite de notre barque.

SCAPIN, *à Hyacinthe.*

Et vous, ne dites-vous rien ?

HYACINTHE.

Je vous conjure, à son exemple, par tout ce qui vous est le plus cher au monde, de vouloir servir notre amour.

SCAPIN.

Il faut se laisser vaincre, et avoir de l'humanité. Allez, je veux m'employer pour vous.

OCTAVE.

Crois que...

SCAPIN, *à Octave.*

Chut. (*à Hyacinthe.*) Allez-vous-en, vous ; et soyez en repos.

SCÈNE IV.

OCTAVE, SCAPIN, SILVESTRE.

SCAPIN, *à Octave.*

Et vous, préparez-vous à soutenir avec fermeté l'abord de votre père.

ACTE I, SCÈNE IV.

OCTAVE.

Je t'avoue que cet abord me fait trembler par avance, et j'ai une timidité naturelle que je ne saurais vaincre.

SCAPIN.

Il faut pourtant paraître ferme au premier choc, de peur que, sur votre foiblesse, il ne prenne le pied de vous mener comme un enfant. Là, tâchez de vous composer par étude. Un peu de hardiesse; et songez à répondre résolument sur tout ce qu'il pourra vous dire.

OCTAVE.

Je ferai du mieux que je pourrai.

SCAPIN.

Çà, essayons un peu, pour vous accoutumer. Répétons un peu votre rôle, et voyons si vous ferez bien. Allons, la mine résolue, la tête haute, les regards assurés.

OCTAVE.

Comme cela?

SCAPIN.

Encore un peu davantage.

OCTAVE.

Ainsi?

SCAPIN.

Bon. Imaginez-vous que je suis votre père qui arrive, et répondez-moi fermement, comme si c'était à lui-même... Comment, pendard, vaurien, infâme, fils indigne d'un père comme moi, oses-tu bien paraître devant mes yeux après tes bons déportements, après le lâche tour que tu m'as joué pendant mon absence? Est-ce là le fruit de mes soins, maraud, est-ce là le fruit de mes soins? le respect qui m'est dû, le respect que tu me conserves? (Allons donc.) Tu as l'insolence, frippon, de t'engager sans le consentement de ton père! de contracter un mariage clandestin! réponds-moi, coquin, réponds-moi. Voyons un peu tes belles raisons... Oh! que diable! vous demeurez interdit.

OCTAVE.

C'est que je m'imagine que c'est mon père que j'entends.

SCAPIN.

Hé, oui. C'est par cette raison qu'il ne faut pas être comme un innocent.

OCTAVE.

Je m'en vais prendre plus de résolution, et je répondrai fermement.

SCAPIN.

Assurément?

OCTAVE.

Assurément.

SILVESTRE.

Voilà votre père qui vient.

OCTAVE.

O ciel! je suis perdu.

SCÈNE V.

SCAPIN, SILVESTRE.

SCAPIN.

Holà, Octave. Demeurez, Octave. Le voilà enfui ! Quelle pauvre espèce d'homme ! Ne laissons pas d'attendre le vieillard.

SILVESTRE.

Que lui dirai-je ?

SCAPIN.

Laisse-moi dire, moi ; et ne fais que me suivre.

SCÈNE VI.

ARGANTE ; SCAPIN ET SILVESTRE, *dans le fond du théâtre.*

ARGANTE, *se croyant seul.*

A-t-on jamais ouï parler d'une action pareille à celle-là ?

SCAPIN, *à Silvestre.*

Il a déjà appris l'affaire ; et elle lui tient si fort en tête, que, tout seul, il en parle haut.

ARGANTE, *se croyant seul.*

Voilà une témérité bien grande !

SCAPIN, *à Silvestre.*

Ecoutons-le un peu.

ARGANTE, *se croyant seul.*

Je voudrais bien savoir ce qu'ils me pourront dire sur ce beau mariage.

SCAPIN, *à part.*

Nous y avons songé.

ARGANTE, *se croyant seul.*

Tâcheront-ils de me nier la chose ?

SCAPIN, *à part.*

Non, nous n'y pensons pas.

ARGANTE, *se croyant seul.*

Ou s'ils entreprendront de l'excuser ?

SCAPIN, *à part.*

Celui-là se pourra faire.

ARGANTE, *se croyant seul.*

Prétendront-ils m'amuser par des contes en l'air ?

SCAPIN, *à part.*

Peut-être.

ARGANTE, *se croyant seul.*

Tous leurs discours seront inutiles.

SCAPIN, *à part.*

Nous allons voir.

ARGANTE, *se croyant seul.*

Ils ne m'en donneront point à garder.

SCAPIN, *à part.*

Ne jurons de rien.

ARGANTE, *se croyant seul.*

Je saurai mettre mon pendard de fils en lieu de sûreté.

SCAPIN, *à part.*

Nous y pourvoirons.

ARGANTE, *se croyant seul.*

Et pour le coquin de Silvestre, je le rouerai de coups.

ACTE I, SCÈNE VI.

SILVESTRE, *à Scapin*.

J'étais bien étonné, s'il m'oubliait.

ARGANTE, *apercevant Silvestre*.

Ah! ah! vous voilà donc, sage gouverneur de famille, beau directeur de jeunes gens!

SCAPIN.

Monsieur, je suis ravi de vous voir de retour.

ARGANTE.

Bon jour, Scapin. (*à Silvestre.*) Vous avez suivi mes ordres, vraiment, d'une belle manière! et mon fils s'est comporté fort sagement pendant mon absence!

SCAPIN.

Vous vous portez bien, à ce que je vois.

ARGANTE.

Assez bien. (*à Silvestre.*) Tu ne dis mot, coquin, tu ne dis mot!

SCAPIN.

Votre voyage a-t-il été bon?

ARGANTE.

Mon dieu! fort bon. Laisse-moi un peu quereller en repos.

SCAPIN.

Vous voulez quereller?

ARGANTE.

Oui, je veux quereller.

SCAPIN.

Et qui, monsieur?

ARGANTE, *montrant Silvestre*.

Ce maraud-là.

SCAPIN.

Pourquoi?

ARGANTE.

Tu n'as pas ouï parler de ce qui s'est passé dans mon absence?

SCAPIN.

J'ai bien ouï parler de quelque petite chose.

ARGANTE.

Comment! quelque petite chose! une action de cette nature!

SCAPIN.

Vous avez quelque raison.

ARGANTE.

Une hardiesse pareille à celle-là!

SCAPIN.

Cela est vrai.

ARGANTE.

Un fils qui se marie sans le consentement de son père!

SCAPIN.

Oui, il y a quelque chose à dire à cela. Mais je serais d'avis que vous ne fissiez point de bruit.

ARGANTE.

Je ne suis pas de cet avis, moi; et je veux faire du bruit tout mon soûl. Quoi! tu ne trouves pas que j'aie tous les sujets du monde d'être en colère?

SCAPIN.

Si fait. J'y ai d'abord été, moi, lorsque j'ai su la chose; et je me suis intéressé pour vous, jusqu'à quereller votre fils. Demandez-lui un peu quelles belles réprimandes je lui ai faites, et comme je l'ai chapitré sur le peu de respect qu'il gardait à un père dont il devait baiser les pas. On ne peut pas lui mieux parler, quand ce serait vous-même. Mais quoi ! je me suis rendu à la raison, et j'ai considéré que, dans le fond, il n'a pas tant de tort qu'on pourrait croire.

ARGANTE.

Que me viens-tu conter ? Il n'a pas tant de tort de s'aller marier de but en blanc avec une inconnue ?

SCAPIN.

Que voulez-vous ? il y a été poussé par sa destinée.

ARGANTE.

Ah ! ah ! voici une raison la plus belle du monde. On n'a plus qu'à commettre tous les crimes imaginables, tromper, voler, assassiner, et dire pour excuse qu'on y a été poussé par sa destinée.

SCAPIN.

Mon dieu ! vous prenez mes paroles trop en philosophe. Je veux dire qu'il s'est trouvé fatalement engagé dans cette affaire.

ARGANTE.

Et pourquoi s'y engageait-il ?

SCAPIN.

Voulez-vous qu'il soit aussi sage que vous ? Les jeunes gens sont jeunes, et n'ont pas toute la prudence qu'il leur faudrait pour ne rien faire que de raisonnable : témoin notre Léandre, qui, malgré toutes les leçons, malgré toutes mes remontrances, est allé faire de son côté pis encore que votre fils.

Je voudrais bien savoir si vous-même n'avez pas été jeune, et n'avez pas dans votre temps fait des fredaines comme les autres. J'ai ouï dire, moi, que vous avez été autrefois un bon compagnon parmi les femmes, que vous faissiez de votre drôle avec les plus galantes de ce temps-là, et que vous n'en approchiez point que vous ne poussassiez à bout.
ARGANTE.
Cela est vrai, j'en demeure d'accord; mais je m'en suis toujours tenu à la galanterie, et je n'ai point été jusqu'à faire ce qu'il a fait.
SCAPIN.
Que vouliez-vous qu'il fît? Il voit une jeune personne qui lui veut du bien (car il tient cela de vous d'être aimé de toutes les femmes); il la trouve charmante, il lui rend des visites, lui conte des douceurs, soupire galamment, fait le passionné. Elle se rend à sa poursuite. Il pousse sa fortune. Le voilà surpris avec elle par ses parents, qui, la force à la main, le contraignent de l'épouser.
SILVESTRE, *à part*.
L'habile fourbe que voilà!
SCAPIN.
Eussiez-vous voulu qu'il se fût laissé tuer? Il vaut mieux encore être marié, qu'être mort.
ARGANTE.
On ne m'a pas dit que l'affaire se soit ainsi passée.
SCAPIN, *montrant Silvestre*.
Demandez-lui plutôt; il ne vous dira pas le contraire.

ARGANTE, *à Silvestre.*

C'est par force qu'il a été marié?

SILVESTRE.

Oui, monsieur.

SCAPIN.

Voudrais-je vous mentir?

ARGANTE.

Il devait donc aller tout aussitôt protester de violence chez un notaire.

SCAPIN.

C'est ce qu'il n'a pas voulu faire.

ARGANTE.

Cela m'aurait donné plus de facilité à rompre ce mariage.

SCAPIN.

Rompre ce mariage?

ARGANTE.

Oui.

SCAPIN.

Vous ne le romprez point.

ARGANTE.

Je ne le romprai point?

SCAPIN.

Non.

ARGANTE.

Quoi! je n'aurai pas pour moi les droits de père, et la raison de la violence qu'on a faite à mon fils?

SCAPIN.

C'est une chose dont il ne demeurera pas d'accord.

ARGANTE.

Il n'en demeurera pas d'accord?

SCAPIN.

Non.

ARGANTE.

Mon fils?

SCAPIN.

Votre fils. Voulez-vous qu'il confesse qu'il ait été capable de crainte, et que ce soit par force qu'on lui ait fait faire les choses? Il n'a garde d'aller avouer cela : ce serait se faire tort, et se montrer indigne d'un père comme vous.

ARGANTE.

Je me moque de cela.

SCAPIN.

Il faut, pour son honneur et pour le vôtre, qu'il dise dans le monde que c'est de bon gré qu'il l'a épousée.

ARGANTE.

Et je veux, moi, pour mon honneur et pour le sien, qu'il dise le contraire.

SCAPIN.

Non, je suis sûr qu'il ne le fera pas.

ARGANTE.

Je l'y forcerai bien.

SCAPIN.

Il ne le fera pas, vous dis-je.

ARGANTE.

Il le fera, ou je le déshériterai.

ACTE I, SCÈNE VI.

SCAPIN.

Vous ?

ARGANTE.

Moi.

SCAPIN.

Bon !

ARGANTE.

Comment, bon ?

SCAPIN.

Vous ne le déshériterez point.

ARGANTE.

Je ne le déshériterai point ?

SCAPIN.

Non.

ARGANTE.

Non ?

SCAPIN.

Non.

ARGANTE.

Ouais ! voici qui est plaisant. Je ne déshériterai point mon fils ?

SCAPIN.

Non, vous dis-je.

ARGANTE.

Qui m'en empêchera ?

SCAPIN.

Vous-même.

ARGANTE.

Moi ?

SCAPIN.
Oui ; vous n'aurez pas ce cœur-là.
ARGANTE.
Je l'aurai.
SCAPIN.
Vous vous moquez.
ARGANTE.
Je ne me moque point.
SCAPIN.
La tendresse paternelle fera son office.
ARGANTE.
Elle ne fera rien.
SCAPIN.
Oui, oui.
ARGANTE.
Je vous dis que cela sera.
SCAPIN.
Bagatelles.
ARGANTE.
Il ne faut point dire, bagatelles.
SCAPIN.
Mon dieu, je vous connais, vous êtes bon naturellement.
ARGANTE.
Je ne suis point bon, et je suis méchant quand je veux. Finissons ce discours qui m'échauffe la bile. (*à Silvestre.*) Va-t'en, pendard, va-t'en me

chercher mon frippon, tandis que j'irai rejoindre le seigneur Géronte pour lui conter ma disgrace.

SCAPIN.

Monsieur, si je vous puis être utile en quelque chose, vous n'avez qu'à me commander.

ARGANTE.

Je vous remercie. (*à part.*) Ah! pourquoi faut-il qu'il soit fils unique! et que n'ai-je à cette heure la fille que le ciel m'a ôtée, pour la faire mon héritière!

SCÈNE VII.

SCAPIN, SILVESTRE.

SILVESTRE.

J'avoue que tu es un grand homme, et voilà l'affaire en bon train : mais l'argent d'autre part nous presse pour notre subsistance ; et nous avons de tous côtés des gens qui aboient après nous.

SCAPIN.

Laisse-moi faire, la machine est trouvée. Je cherche seulement dans ma tête un homme qui nous soit affidé, pour jouer un personnage dont j'ai besoin... Attends. Tiens-toi un peu, enfonce ton bonnet en méchant garçon, campe-toi sur un pied, mets la main au côté, fais les yeux furibonds, marche un peu en roi de théâtre... Voilà qui est bien. Suis-moi. J'ai des secrets pour déguiser ton visage et ta voix.

SILVESTRE.

Je te conjure au moins de ne m'aller point brouiller avec la justice.

SCAPIN.

Va, va, nous partagerons les périls en frères; et trois ans de galères de plus ou de moins ne sont pas pour arrêter un noble cœur.

FIN DU PREMIER ACTE.

ACTE SECOND.

SCÈNE I.

GÉRONTE, ARGANTE.

GÉRONTE.

Oui, sans doute, par le temps qu'il fait, nous aurons ici nos gens aujourd'hui ; et un matelot qui vient de Tarente m'a assuré qu'il avait vu mon homme qui était près de s'embarquer. Mais l'arrivée de ma fille trouvera les choses mal disposées à ce que nous nous proposions ; et ce que vous venez de m'apprendre de votre fils rompt étrangement les mesures que nous avions prises ensemble.

ARGANTE.

Ne vous mettez pas en peine ; je vous réponds de renverser tout cet obstacle, et j'y vais travailler de ce pas.

GÉRONTE.

Ma foi, seigneur Argante, voulez-vous que je vous dise ? l'éducation des enfants est une chose à quoi il faut s'attacher fortement.

ARGANTE.

Sans doute. A quel propos cela ?

GÉRONTE.

A propos de ce que les mauvais déportements

des jeunes gens viennent le plus souvent de la mauvaise éducation que leurs pères leur donnent.

ARGANTE.

Cela arrive par fois. Mais que voulez-vous dire par là ?

GÉRONTE.

Ce que je veux dire par là ?

ARGANTE.

Oui.

GÉRONTE.

Que si vous aviez, en brave père, bien morigéné votre fils, il ne vous aurait pas joué le tour qu'il vous a fait.

ARGANTE.

Fort bien. De sorte donc que vous avez bien mieux morigéné le vôtre ?

GÉRONTE.

Sans doute ; et je serais bien fâché qu'il m'eût rien fait approchant de cela.

ARGANTE.

Et si ce fils, que vous avez en brave père si bien morigéné, avait fait pis encore que le mien ? Hé ?

GÉRONTE.

Comment ?

ARGANTE.

Comment ?

GÉRONTE.

Qu'est-ce que cela veut dire ?

ARGANTE.

Cela veut dire, seigneur Géronte, qu'il ne faut pas être si prompt à condamner la conduite des autres; et que ceux qui veulent gloser doivent bien regarder chez eux s'il n'y a rien qui cloche.

GÉRONTE.

Je n'entends point cette énigme.

ARGANTE.

On vous l'expliquera.

GÉRONTE.

Est-ce que vous auriez ouï dire quelque chose de mon fils?

ARGANTE.

Cela se peut faire.

GÉRONTE.

Et quoi encore?

ARGANTE.

Votre Scapin, dans mon dépit, ne m'a dit la chose qu'en gros; et vous pourrez de lui, ou de quelque-autre, être instruit du détail. Pour moi, je vais vite consulter un avocat, et aviser des biais que j'ai à prendre. Jusqu'au revoir.

SCÈNE II.

GERONTE, seul.

Que pourrait-ce être que cette affaire-ci? Pis encore que le sien! Pour moi, je ne vois pas ce que l'on peut faire de pis; et je trouve que se marier sans le consentement de son père est une action qui passe tout ce qu'on peut s'imaginer.

SCÈNE III.
GÉRONTE, LÉANDRE.

GÉRONTE.

Ah! vous voilà!

LÉANDRE, *courant à Géronte pour l'embrasser.*

Ah! mon père, que j'ai de joie de vous voir de retour!

GÉRONTE, *refusant d'embrasser Léandre.*

Doucement; parlons un peu d'affaire.

LÉANDRE.

Souffrez que je vous embrasse, et que...

GÉRONTE, *le repoussant encore.*

Doucement, vous dis-je.

LÉANDRE.

Quoi! vous me refusez, mon père, de vous exprimer mon transport par mes embrassements?

GÉRONTE.

Oui. Nous avons quelque chose à démêler ensemble.

LÉANDRE.

Et quoi?

GÉRONTE.

Tenez-vous, que je vous voie en face.

LÉANDRE.

Comment?

ACTE II, SCÈNE III.

GÉRONTE.

Regardez-moi entre deux yeux.

LÉANDRE.

Hé bien?

GÉRONTE.

Qu'est-ce donc qui s'est passé ici?

LÉANDRE.

Ce qui s'est passé?

GÉRONTE.

Oui. Qu'avez-vous fait pendant mon absence?

LÉANDRE.

Que voulez-vous, mon père, que j'aie fait?

GÉRONTE.

Ce n'est pas moi qui veux que vous ayez fait, mais qui demande ce que c'est que vous avez fait.

LÉANDRE.

Moi! je n'ai fait aucune chose dont vous ayez lieu de vous plaindre.

GÉRONTE.

Aucune chose?

LÉANDRE.

Non.

GÉRONTE.

Vous êtes bien résolu.

LÉANDRE.

C'est que je suis sûr de mon innocence.

GÉRONTE.

Scapin pourtant a dit de vos nouvelles.

LÉANDRE.

Scapin?

GÉRONTE.

Ah! ah! ce mot vous fait rougir.

LÉANDRE.

Il vous a dit quelque chose de moi?

GÉRONTE.

Ce lieu n'est pas tout-à-fait propre à vider cette affaire, et nous allons l'examiner ailleurs. Qu'on se rende au logis; j'y vais revenir tout-à-l'heure. Ah! traître, s'il faut que tu me déshonores, je te renonce pour mon fils, et tu peux bien, pour jamais, te résoudre à fuir de ma présence.

SCÈNE IV.

LÉANDRE, seul.

Me trahir de cette manière! Un coquin qui doit, par cent raisons, être le premier à cacher les choses que je lui confie, est le premier à les aller découvrir à mon père! Ah! je jure le ciel que cette trahison ne demeurera pas impunie.

SCÈNE V.

OCTAVE, LÉANDRE, SCAPIN.

OCTAVE.

Mon cher Scapin, que ne dois-je point à tes soins! Que tu es un homme admirable! et que le ciel m'est favorable de t'envoyer à mon secours!

ACTE II, SCÈNE V.

LÉANDRE.

Ah! ah! vous voilà! je suis ravi de vous trouver, monsieur le coquin.

SCAPIN.

Monsieur, votre serviteur. C'est trop d'honneur que vous me faites.

LÉANDRE, *mettant l'épée à la main.*

Vous faites le méchant plaisant. Ah! je vous apprendrai...

SCAPIN, *se mettant à genoux.*

Monsieur.

OCTAVE, *se mettant entre eux deux, pour empêcher Léandre de frapper Scapin.*

Ah! Léandre.

LÉANDRE.

Non, Octave, ne me retenez point, je vous prie.

SCAPIN, *à Léandre.*

Hé! monsieur.

OCTAVE, *retenant Léandre.*

De grâce.

LÉANDRE, *voulant frapper Scapin.*

Laissez-moi contenter mon ressentiment.

OCTAVE.

Au nom de l'amitié, Léandre, ne le maltraitez point.

SCAPIN.

Monsieur, que vous ai-je fait?

LÉANDRE, *voulant frapper Scapin.*

Ce que tu m'as fait, traître!

OCTAVE, *retenant encore Léandre.*
Hé! doucement.
LÉANDRE.
Non, Octave; je veux qu'il me confesse lui-même, tout-à-l'heure la perfidie qu'il m'a faite. Oui, coquin, je sais le trait que tu m'as joué, on vient de me l'apprendre; et tu ne croyais pas peut-être que l'on me dût révéler ce secret : mais je veux en avoir la confession de ta propre bouche, ou je vais te passer cette épée au travers du corps.
SCAPIN.
Ah! monsieur, auriez-vous bien ce cœur-là?
LÉANDRE.
Parle donc.
SCAPIN.
Je vous ai fait quelque chose, monsieur?
LÉANDRE.
Oui, coquin; et ta conscience ne te dit que trop ce que c'est.
SCAPIN.
Je vous assure que je l'ignore.
LÉANDRE, *s'avançant pour frapper Scapin.*
Tu l'ignores!
OCTAVE, *retenant Léandre.*
Léandre.
SCAPIN.
Hé bien, monsieur, puisque vous le voulez, je vous confesse que j'ai bu avec mes amis ce petit quartaut de vin d'Espagne, dont on vous fit présent il y a quelques jours, et que c'est moi qui fis

une fente au tonneau, et répandis de l'eau autour, pour faire croire que le vin s'était échappé.
LÉANDRE.
C'est toi, pendard, qui m'as bu mon vin d'Espagne, et qui as été cause que j'ai tant querellé la servante, croyant que c'était elle qui m'avait fait le tour?
SCAPIN.
Oui, monsieur. Je vous en demande pardon.
LÉANDRE.
Je suis bien aise d'apprendre cela : mais ce n'est pas l'affaire dont il est question maintenant.
SCAPIN.
Ce n'est pas cela, monsieur?
LÉANDRE.
Non ; c'est une autre affaire qui me touche bien plus ; et je veux que tu me la dises.
SCAPIN.
Monsieur, je ne me souviens pas d'avoir fait autre chose.
LÉANDRE, *voulant frapper Scapin.*
Tu ne veux pas parler?
SCAPIN.
Hé!
OCTAVE, *retenant Léandre.*
Tout doux.
SCAPIN.
Oui, monsieur, il est vrai qu'il y a trois semaines que vous m'envoyâtes porter le soir une petite montre à la jeune Egyptienne, que vous

aimez; je revins au logis, mes habits tout couverts de boue, et le visage plein de sang, et vous dis que j'avais trouvé des voleurs qui m'avaient bien battu et m'avaient dérobé la montre. C'était moi, monsieur, qui l'avais retenue.

LÉANDRE.

C'est toi qui as retenu ma montre?

SCAPIN.

Oui, monsieur, afin de voir quelle heure il est.

LÉANDRE.

Ah! ah! j'apprends ici de jolies choses, et j'ai un serviteur fort fidèle vraiment! Mais ce n'est pas encore cela que je demande.

SCAPIN.

Ce n'est pas cela?

LÉANDRE.

Non, infâme; c'est autre chose encore que je veux que tu me confesses.

SCAPIN, *à part*.

Peste!

LÉANDRE.

Parle vîte, j'ai hâte.

SCAPIN.

Monsieur, voilà tout ce que j'ai fait.

LÉANDRE, *voulant frapper Scapin*.

Voilà tout?

OCTAVE, *se mettant au-devant de Léandre*.

Hé!

SCAPIN.

Hé bien, oui, monsieur; vous vous souvenez de

ce loup-garou, il y a six mois, qui vous donna tant de coups de bâton la nuit, et vous pensa faire rompre le cou dans une cave où vous tombâtes en fuyant.

LÉANDRE.

Hé bien?

SCAPIN.

C'était moi, monsieur, qui faisais le loup-garou.

LÉANDRE.

C'était toi, traître, qui faisais le loup-garou?

SCAPIN.

Oui, monsieur, seulement pour vous faire peur, et vous ôter l'envie de nous faire courir toutes les nuits comme vous aviez de coutume.

LÉANDRE.

Je saurai me souvenir en temps et lieu de tout ce que je viens d'apprendre. Mais je veux venir au fait, et que tu me confesses ce que tu as dit à mon père.

SCAPIN.

A votre père?

LÉANDRE.

Oui, frippon, à mon père.

SCAPIN.

Je ne l'ai pas seulement vu depuis son retour.

LÉANDRE.

Tu ne l'as pas vu?

SCAPIN.

Non, monsieur.

LÉANDRE.

Assurément?

SCAPIN.

Assurément. C'est une chose que je vais vous faire dire par lui-même.

LÉANDRE.

C'est de sa bouche que je le tiens pourtant.

SCAPIN.

Avec votre permission, il n'a pas dit la vérité.

SCÈNE VI.

LÉANDRE, OCTAVE, CARLE, SCAPIN.

CARLE.

Monsieur, je vous apporte une nouvelle qui est fâcheuse pour votre amour.

LÉANDRE.

Comment?

CARLE.

Vos Egyptiens sont sur le point de vous enlever Zerbinette; et elle-même, les larmes aux yeux, m'a chargé de venir promptement vous dire que, si dans deux heures vous ne songez à leur porter l'argent qu'ils vous ont demandé pour elle, vous l'allez perdre pour jamais.

LÉANDRE.

Dans deux heures?

CARLE.

Dans deux heures.

SCÈNE VII.
LÉANDRE, OCTAVE, SCAPIN.

LÉANDRE.

Ah! mon pauvre Scapin, j'implore ton secours.

SCAPIN, *se levant, et passant fièrement devant Léandre.*

Ah! mon pauvre Scapin! Je suis mon pauvre Scapin à cette heure qu'on a besoin de moi.

LÉANDRE.

Va, je te pardonne tout ce que tu viens de me dire, et pis encore, si tu me l'as fait.

SCAPIN.

Non, non, ne me pardonnez rien; passez-moi votre épée au travers du corps. Je serai ravi que vous me tuiez.

LÉANDRE.

Non, je te conjure plutôt de me donner la vie en servant mon amour.

SCAPIN.

Point, point; vous ferez mieux de me tuer.

LÉANDRE.

Tu m'es trop précieux; et je te prie de vouloir employer pour moi ce génie admirable qui vient à bout de toutes choses.

SCAPIN.

Non; tuez-moi, vous dis-je.

LÉANDRE.

Ah! de grâce, ne songe plus à tout cela, et pense à me donner le secours que je te demande.

OCTAVE.

Scapin, il faut faire quelque chose pour lui.

SCAPIN.

Le moyen, après une avanie de la sorte?

LÉANDRE.

Je te conjure d'oublier mon emportement, et de me prêter ton adresse.

OCTAVE.

Je joins mes prières aux siennes.

SCAPIN.

J'ai cette insulte-là sur le cœur.

OCTAVE.

Il faut quitter ton ressentiment.

LÉANDRE.

Voudrais-tu m'abandonner, Scapin, dans la cruelle extrémité où se voit mon amour?

SCAPIN.

Me venir faire, à l'improviste, un affront comme celui-là!

LÉANDRE.

J'ai tort, je le confesse.

SCAPIN.

Me traiter de coquin! de frippon! de pendard! d'infâme!

LÉANDRE.

J'en ai tous les regrets du monde.

SCAPIN.
Me vouloir passer son épée au travers du corps !
LÉANDRE.
Je t'en demande pardon de tout mon cœur ; et s'il ne tient qu'à me jeter à tes genoux, tu m'y vois, Scapin, pour te conjurer encore une fois de ne me point abandonner.
OCTAVE.
Ah ! ma foi, Scapin, il se faut rendre à cela.
SCAPIN.
Levez-vous. Une autre fois, ne soyez point si prompt.
LÉANDRE.
Me promets-tu de travailler pour moi ?
SCAPIN.
On y songera.
LÉANDRE.
Mais tu sais que le temps presse.
SCAPIN.
Ne vous mettez pas en peine. Combien est-ce qu'il vous faut ?
LÉANDRE.
Cinq cents écus.
SCAPIN.
Et à vous ?
OCTAVE.
Deux cents pistoles.
SCAPIN.
Je veux tirer cet argent de vos pères. (*à Octave.*) Pour ce qui est du vôtre, la machine est déjà toute

trouvée. (*a Léandre.*) Et quant au vôtre, bien qu'avare au dernier degré, il y faudra moins de façon encore ; car vous savez que, pour l'esprit, il n'en a pas, grâce à Dieu, grande provision ; et je le livre pour une espèce d'homme à qui l'on fera toujours croire tout ce que l'on voudra. Cela ne vous offense point, il ne tombe entre lui et vous aucun soupçon de ressemblance ; et vous savez assez l'opinion de tout le monde, qui veut qu'il ne soit votre père que pour la forme.

LÉANDRE.

Tout beau, Scapin.

SCAPIN.

Bon, bon, on fait bien scrupule de cela ! Vous moquez-vous ? Mais j'aperçois venir le père d'Octave. Commençons par lui, puisqu'il se présente. Allez-vous-en tous deux. (*à Octave.*) Et vous, avertissez votre Silvestre de venir vite jouer son rôle.

SCÈNE VIII.

ARGANTE, SCAPIN.

SCAPIN, *à part.*

Le voilà qui rumine.

ARGANTE, *se croyant seul.*

Avoir si peu de conduite et de considération ! S'aller jeter dans un engagement comme celui-là ! Ah ! ah ! jeunesse impertinente !

ACTE II, SCÈNE VIII.

SCAPIN.

Monsieur, votre serviteur.

ARGANTE.

Bonjour, Scapin.

SCAPIN.

Vous rêvez à l'affaire de votre fils.

ARGANTE.

Je t'avoue que cela me donne un furieux chagrin.

SCAPIN.

Monsieur, la vie est mêlée de traverses ; il est bon de s'y tenir sans cesse préparé ; et j'ai ouï dire, il y a long-temps, une parole d'un ancien, que j'ai toujours retenue.

ARGANTE.

Quoi ?

SCAPIN.

Que, pour peu qu'un père de famille ait été absent de chez lui, il doit promener son esprit sur tous les fâcheux accidents que son retour peut rencontrer ; se figurer sa maison brûlée, son argent dérobé, sa femme morte, son fils estropié, sa fille subornée ; et ce qu'il trouve qui ne lui est point arrivé, l'imputer à bonne fortune. Pour moi, j'ai pratiqué toujours cette leçon dans ma petite philosophie ; et je ne suis jamais revenu au logis, que je ne me sois tenu prêt à la colère de mes maîtres, aux réprimandes, aux injures, aux coups de pied au cul, aux bastonnades, aux étrivières ; et ce qui a manqué à m'arriver, j'en ai rendu grâces à mon bon destin.

ARGANTE.

Voilà qui est bien : mais ce mariage impertinent, qui trouble celui que nous voulons faire, est une chose que je ne puis souffrir, et je viens de consulter des avocats pour le faire casser.

SCAPIN.

Ma foi, monsieur, si vous m'en croyez, vous tâcherez, par quelque autre voie, d'accommoder l'affaire. Vous savez ce que c'est que les procès en ce pays-ci, et vous allez vous enfoncer dans d'étranges épines.

ARGANTE.

Tu as raison, je le vois bien. Mais quelle autre voie ?

SCAPIN.

Je pense que j'en ai trouvé une. La compassion que m'a donnée tantôt votre chagrin, m'a obligé à chercher dans ma tête quelque moyen pour vous tirer d'inquiétude : car je ne saurais voir d'honnêtes pères chagrinés par leurs enfants, que cela ne m'émeuve ; et, de tout temps, je me suis senti pour votre personne une inclination particulière.

ARGANTE.

Je te suis obligé.

SCAPIN.

J'ai donc été trouver le frère de cette fille qui a été épousée. C'est un de ces braves de profession, de ces gens qui sont tout coups d'épée, qui ne parlent que d'échiner, et ne font non plus de conscience de tuer un homme que d'avaler un verre de vin.

Je l'ai mis sur ce mariage, lui ai fait voir quelle facilité offrait la raison de la violence pour le faire casser, vos prérogatives du nom de père, et l'appui que vous donneraient auprès de la justice, et votre droit, et votre argent, et vos amis ; enfin, je l'ai tant tourné de tous les côtés, qu'il a prêté l'oreille aux propositions que je lui ai faites d'ajuster l'affaire pour quelque somme ; et il donnera son consentement à rompre le mariage, pourvu que vous lui donniez de l'argent.

ARGANTE.

Et qu'a-t-il demandé ?

SCAPIN.

Oh ! d'abord des choses par-dessus les maisons.

ARGANTE.

Hé ! quoi ?

SCAPIN.

Des choses extravagantes.

ARGANTE.

Mais encore ?

SCAPIN,

Il ne parlait pas moins que de cinq ou six cents pistoles.

ARGANTE.

Cinq ou six cents fièvres quartaines qui le puissent serrer ! Se moque-t-il des gens ?

SCAPIN.

C'est ce que je lui ai dit. J'ai rejeté bien loin de pareilles propositions, et je lui ai bien fait entendre que vous n'étiez point une dupe, pour vous demander des cinq ou six cents pistoles. Enfin, après plusieurs discours, voici où s'est réduit le résultat de notre conférence. Nous voilà au temps, m'a-t-il dit, que je dois partir pour l'armée ; je suis après à m'équiper, et le besoin que j'ai de quelque argent me fait consentir, malgré moi, à ce qu'on me propose. Il me faut un cheval de service, et je n'en saurais avoir un qui soit tant soit peu raisonnable, à moins de soixante pistoles.

ARGANTE.

Hé bien, pour soixante pistoles, je les donne.

SCAPIN.

Il faudra le harnois et les pistolets ; et cela ira bien à vingt pistoles encore.

ARGANTE.

Vingt pistoles, et soixante, ce serait quatre-vingts !

SCAPIN.

Justement.

ARGANTE.

C'est beaucoup ; mais soit, je consens à cela.

SCAPIN.

Il me faut aussi un cheval pour monter mon valet, qui coûtera bien trente pistoles.

ARGANTE.

Comment diantre ! Qu'il se promène : il n'aura rien du tout.

SCAPIN.

Monsieur....

ACTE II, SCÈNE VIII.

ARGANTE.

Non. C'est un impertinent.

SCAPIN.

Voulez-vous que son valet aille à pied ?

ARGANTE.

Qu'il aille comme il lui plaira, et le maître aussi.

SCAPIN.

Mon dieu ! monsieur, ne vous arrêtez point à peu de chose : n'allez point plaider, je vous prie ; et donnez tout pour vous sauver des mains de la justice.

ARGANTE.

Hé bien, soit. Je me résous à donner encore ces trente pistoles.

SCAPIN.

Il me faut encore, a-t-il dit, un mulet pour porter....

ARGANTE.

Oh ! qu'il aille au diable avec son mulet ! C'en est trop, et nous irons devant les juges.

SCAPIN.

De grâce, monsieur...

ARGANTE.

Non, je n'en ferai rien.

SCAPIN.

Monsieur, un petit mulet.

ARGANTE.

Je ne lui donnerais pas seulement un âne.

SCAPIN.

Considérez....

ARGANTE.

Non, j'aime mieux plaider.

SCAPIN.

Hé! monsieur, de quoi parlez-vous là, et à quoi vous résolvez-vous! Jetez les yeux sur les détours de la justice; voyez combien d'appels et de degrés de jurisdiction, combien de procédures embarrassantes, combien d'animaux ravissants par les griffes desquels il vous faudra passer; sergents, procureurs, avocats, greffiers, substituts, rapporteurs, juges, et leurs clercs. Il n'y a pas un de tous ces gens-là qui, pour la moindre chose, ne soit capable de donner un soufflet au meilleur droit du monde. Un sergent baillera de faux exploits, sur quoi vous serez condamné sans que vous le sachiez. Votre procureur s'entendra avec votre partie, et vous vendra à beaux deniers comptants. Votre avocat, gagné de même, ne se trouvera point lorsqu'on plaidera votre cause, ou dira des raisons qui ne feront que battre la campagne, et n'iront point au fait. Le greffier délivrera par contumace des sentences et arrêts contre vous. Le clerc du rapporteur soustraira des pièces, ou le rapporteur même ne dira pas ce qu'il a vu. Et quand, par les plus grandes précautions du monde, vous aurez paré tout cela, vous serez ébahi que vos juges auront été sollicités contre vous, ou par des gens dévots, ou par des femmes qu'ils aimeront. Hé! monsieur, si vous le pouvez, sauvez-vous de cet enfer-là. C'est être damné dès ce monde que d'avoir à plaider; et la seule pensée d'un procès serait capable de me faire fuir jusqu'aux Indes.

ARGANTE.

A combien est-ce qu'il fait monter le mulet?

SCAPIN.

Monsieur, pour le mulet, pour son cheval, et celui de son homme, pour le harnois et les pistolets, et pour payer quelque petite chose qu'il doit à son hôtesse, il demande en tout deux cents pistoles.

ARGANTE.

Deux cents pistoles?

SCAPIN.

Oui.

ARGANTE, *se promenant en colère.*

Allons, allons; nous plaiderons.

SCAPIN.

Faites réflexion....

ARGANTE.

Je plaiderai.

SCAPIN.

Ne vous allez point jeter....

ARGANTE.

Je veux plaider.

SCAPIN.

Mais, pour plaider, il vous faudra de l'argent; il vous en faudra pour l'exploit; il vous en faudra pour le contrôle; il vous en faudra pour la procuration, pour la présentation, conseils, productions, et journée de procureur; il vous en faudra pour les consultations et plaidoieries des avocats, pour le droit de retirer le sac, et pour les grosses d'écritures; il vous en faudra pour le rapport des substituts, pour les épices de conclusion, pour l'enregistrement du greffier, façon d'appointement, sentences et arrêts, contrôles, signatures, et expéditions de leurs clercs, sans parler de tous les présents qu'il vous faudra faire. Donnez cet argent-là à cet homme-ci, vous voilà hors d'affaire.

ARGANTE.

Comment! deux cents pistoles!

SCAPIN.

Oui. Vous y gagnerez. J'ai fait un petit calcul, en moi-même, de tous les frais de la justice; et j'ai trouvé qu'en donnant deux cents pistoles à votre homme, vous en aurez de reste, pour le moins, cent cinquante, sans compter les soins, les pas et les chagrins que vous épargnerez. Quand il n'y aurait à essuyer que les sottises que disent devant tout le monde de méchants plaisants d'avocats, j'aimerais mieux donner trois cents pistoles, que de plaider.

ARGANTE.

Je me moque de cela, et je défie les avocats de rien dire de moi.

SCAPIN.

Vous ferez ce qu'il vous plaira; mais si j'étais que de vous, je fuirais les procès.

ARGANTE.

Je ne donnerai point deux cents pistoles.

SCAPIN.
Voici l'homme dont il s'agit.

SCÈNE IX.

ARGANTE, SCAPIN; SILVESTRE,
déguisé en spadassin.

SILVESTRE.
Scapin, fais-moi connaître un peu cet Argante qui est père d'Octave.

SCAPIN.
Pourquoi, monsieur ?

SILVESTRE.
Je viens d'apprendre qu'il veut me mettre en procès, et faire rompre par justice le mariage de ma sœur.

SCAPIN.
Je ne sais pas s'il a cette pensée ; mais il ne veut point consentir aux deux cents pistoles que vous voulez, et il dit que c'est trop.

SILVESTRE.
Par la mort ! par la tête ! par la ventre ! si je le trouve, je le veux échiner, dussé-je être roué tout vif. (*Argante pour n'être point vu, se tient en tremblant derrière Scapin.*)

SCAPIN.
Monsieur, ce père d'Octave a du cœur ; et peut-être ne vous craindra-t-il point.

SILVESTRE.
Lui ! lui ! Par la sang ! par la tête ! s'il était là, je

lui donnerais tout-à-l'heure de l'épée dans le ventre. (*apercevant Argante.*) Qui est cet homme-là ?

SCAPIN.
Ce n'est pas lui, monsieur ; ce n'est pas lui.

SILVESTRE.
N'est-ce point quelqu'un de ses amis ?

SCAPIN.
Non, monsieur ; au contraire, c'est son ennemi capital.

SILVESTRE.
Son ennemi capital ?

SCAPIN.
Oui.

SILVESTRE.
Ah ! parbleu, j'en suis ravi. (*à Argante.*) Vous êtes ennemi, monsieur, de ce faquin d'Argante ? Hé !

SCAPIN.
Oui, oui, je vous en réponds.

SILVESTRE, *secouant rudement la main d'Argante.*
Touchez là ; touchez. Je vous donne ma parole, et vous jure, sur mon honneur, par l'épée que je porte, par tous les serments que je saurais faire, qu'avant la fin du jour je vous déferai de ce maraud fieffé, de ce faquin d'Argante. Reposez-vous sur moi.

SCAPIN.
Monsieur, les violences en ce pays-ci ne sont guère souffertes.

ACTE II, SCÈNE IX.

SILVESTRE.

Je me moque de tout, et je n'ai rien à perdre.

SCAPIN.

Il se tiendra sur ses gardes assurément; et il a des parents, des amis et des domestiques dont il se fera un secours contre votre ressentiment.

SILVESTRE.

C'est ce que je demande, morbleu; c'est ce que je demande. (*mettant l'épée à la main.*) Ah, tête! ah, ventre! Que ne le trouvé-je à cette heure avec tout son secours! Que ne paraît-il à mes yeux au milieu de trente personnes! Que ne les vois-je fondre sur moi les armes à la main! (*se mettant en garde.*) Comment! marauds, vous avez la hardiesse de vous attaquer à moi! Allons, morbleu, tue!

(*poussant de tous les côtés, comme s'il avait plusieurs personnes à combattre.*)

Point de quartier. Donnons. Ferme. Poussons. Bon pied, bon œil. Ah, coquins! Ah, canaille! vous en voulez par-là; je vous en ferai tâter votre soûl. Soutenez, marauds, soutenez. Allons. A cette botte. A cette autre. (*se tournant du côté d'Argante et de Scapin.*) A celle-ci. A celle-là. Comment vous reculez! Pied ferme, morbleu, pied ferme.

SCAPIN.

Hé! hé! hé! monsieur, nous n'en sommes pas.

SILVESTRE.

Voilà qui vous apprendra à vous oser jouer à moi.

SCÈNE X.

ARGANTE, SCAPIN.

SCAPIN.

Hé bien ! vous voyez combien de personnes tuées pour deux cents pistoles. Or sus, je vous souhaite une bonne fortune.

ARGANTE, *tout tremblant.*

Scapin.

SCAPIN.

Plaît-il ?

ARGANTE.

Je me résous à donner les deux cents pistoles.

SCAPIN.

J'en suis ravi pour l'amour de vous.

ARGANTE.

Allons le trouver, je les ai sur moi.

SCAPIN.

Vous n'avez qu'à me les donner. Il ne faut pas, pour votre honneur, que vous paraissiez là, après avoir passé ici pour autre que ce que vous êtes ; et, de plus, je craindrais qu'en vous faisant connaître il n'allât s'aviser de vous demander davantage.

ARGANTE.

Oui ; mais j'aurais été bien aise de voir comme je donne mon argent.

ACTE II, SCÈNE X.

SCAPIN.

Est-ce que vous vous défiez de moi ?

ARGANTE.

Non pas ; mais...

SCAPIN.

Parbleu, monsieur, je suis un fourbe, ou je suis honnête homme ; c'est l'un des deux. Est-ce que je voudrais vous tromper, et que, dans tout ceci, j'ai d'autre intérêt que le vôtre, et celui de mon maître, à qui vous voulez vous allier ? Si je vous suis suspect, je ne me mêle plus de rien, et vous n'avez qu'à chercher, dès cette heure, qui accommodera vos affaires.

ARGANTE.

Tiens donc.

SCAPIN.

Non, monsieur, ne me confiez point votre argent. Je serai bien aise que vous vous serviez de quelque autre.

ARGANTE.

Mon dieu ! tiens.

SCAPIN.

Non, vous dis-je : ne vous fiez point à moi. Que sait-on si je ne veux point vous attraper votre argent ?

ARGANTE.

Tiens, te dis-je ; ne me fais point contester davantage. Mais songe à bien prendre tes sûretés avec lui.

SCAPIN.

Laissez-moi faire ; il n'a point affaire à un sot.

ARGANTE.

Je vais t'attendre chez moi.

SCAPIN.

Je ne manquerai pas d'y aller. (*seul.*) Et un. Je n'ai qu'à chercher l'autre. Ah ! ma foi, le voici. Il semble que le ciel, l'un après l'autre, les amène dans mes filets.

SCÈNE XI.
SCAPIN, GÉRONTE.

SCAPIN, *faisant semblant de ne pas voir Géronte.*

O ciel ! O disgrace imprévue ! O misérable père ! Pauvre Géronte, que feras-tu ?

GÉRONTE, *à part.*

Que dit-il de moi avec ce visage affligé ?

SCAPIN.

N'y a-t-il personne qui puisse me dire où est le seigneur Géronte ?

GÉRONTE.

Qu'y a-t-il, Scapin ?

SCAPIN, *courant sur le théâtre, sans vouloir entendre ni voir Géronte.*

Où pourrai-je le rencontrer pour lui dire cette infortune ?

GÉRONTE, *courant après Scapin.*

Qu'est-ce que c'est donc.

ACTE II, SCÈNE XI.

SCAPIN.

En vain je cours de tous côtés pour le pouvoir trouver.

GÉRONTE.

Me voici.

SCAPIN.

Il faut qu'il soit caché dans quelque endroit qu'on ne puisse point deviner.

GÉRONTE, *arrêtant Scapin.*

Holà. Es-tu aveugle, que tu ne me vois pas?

SCAPIN.

Ah! monsieur, il n'y a pas moyen de vous rencontrer.

GÉRONTE.

Il y a une heure que je suis devant toi. Qu'est-ce que c'est donc qu'il y a?

SCAPIN.

Monsieur...

GÉRONTE.

Quoi?

SCAPIN.

Monsieur votre fils...

GÉRONTE.

Hé bien? mon fils...

SCAPIN.

Est tombé dans une disgrace la plus étrange du monde.

GÉRONTE.

Et quelle?

SCAPIN.

Je l'ai trouvé tantôt tout triste de je ne sais quoi que vous lui avez dit, où vous m'avez mêlé assez mal-à-propos ; et cherchant à divertir cette tristesse, nous nous sommes allés promener sur le port. Là, entre autres plusieurs choses, nous avons arrêté nos yeux sur une galère turque assez bien équipée. Un jeune Turc de bonne mine nous a invités d'y entrer, et nous a présenté la main. Nous y avons passé. Il nous a fait mille civilités, nous a donné la collation, où nous avons mangé des fruits les plus excellents qui se puissent voir, et bu du vin que nous avons trouvé le meilleur du monde.

GÉRONTE.

Qu'y a-t-il de si affligeant à tout cela ?

SCAPIN.

Attendez, monsieur, nous y voici. Pendant que nous mangions, il a fait mettre la galère en mer ; et se voyant éloigné du port, il m'a fait mettre dans un esquif, et m'envoie vous dire que, si vous ne lui envoyez par moi tout-à-l'heure cinq cents écus, il va vous emmener votre fils en Alger.

GÉRONTE.

Comment diantre ! cinq cents écus !

SCAPIN.

Oui, monsieur ; et de plus il ne m'a donné pour cela que deux heures.

GÉRONTE.

Ah ! le pendard de Turc ! m'assassiner de la façon !

ACTE II, SCÈNE XI.

SCAPIN.

C'est à vous, monsieur, d'aviser promptement aux moyens de sauver des fers un fils que vous aimez avec tant de tendresse.

GÉRONTE.

Que diable allait-il faire dans cette galère?

SCAPIN.

Il ne songeait pas à ce qui est arrivé.

GÉRONTE.

Va-t'en, Scapin, va-t'en vîte dire à ce Turc que je vais envoyer la justice après lui.

SCAPIN.

La justice en pleine mer! vous moquez-vous des gens?

GÉRONTE.

Que diable allait-il faire dans cette galère?

SCAPIN.

Une méchante destinée conduit quelquefois les personnes.

GÉRONTE.

Il faut, Scapin, il faut que tu fasses ici l'action d'un serviteur fidèle.

SCAPIN.

Quoi, monsieur?

GÉRONTE.

Que tu ailles dire à ce Turc qu'il me renvoie mon fils, et que tu te mets à sa place, jusqu'à ce que j'aie amassé la somme qu'il demande.

SCAPIN.

Hé! monsieur, songez-vous à ce que vous dites?

et vous figurez-vous que ce Turc ait si peu de sens, qu'il d'aller recevoir un misérable comme moi à la place de votre fils.

GÉRONTE.

Que diable allait-il faire dans cette galère?

SCAPIN.

Il ne devinait pas ce malheur. Songez, monsieur, qu'il ne m'a donné que deux heures.

GÉRONTE.

Tu dis qu'il demande...

SCAPIN.

Cinq cents écus.

GÉRONTE.

Cinq cents écus! N'a-t-il point de conscience?

SCAPIN.

Vraiment oui, de la conscience à un Turc!

GÉRONTE.

Sait-il bien ce que c'est que cinq cents écus?

SCAPIN.

Oui, monsieur, il sait que c'est mille cinq cents livres.

GÉRONTE.

Croit-il, le traître, que mille cinq cents livres se trouvent dans le pas d'un cheval?

SCAPIN.

Ce sont des gens qui n'entendent point de raisons.

GÉRONTE.

Mais que diable allait-il faire dans cette galère?

ACTE II, SCÈNE XI.

SCAPIN.

Il est vrai; mais quoi! on ne prévoyait pas les choses. De grâce, monsieur, dépêchez.

GÉRONTE.

Tiens, voilà la clef de mon armoire.

SCAPIN.

Bon.

GÉRONTE.

Tu l'ouvriras.

SCAPIN.

Fort bien.

GÉRONTE.

Tu trouveras une grosse clef du côté gauche, qui est celle de mon grenier.

SCAPIN.

Oui.

GÉRONTE.

Tu iras prendre toutes les hardes qui sont dans cette grande manne, et tu les vendras aux frippiers, pour aller racheter mon fils.

SCAPIN, *en lui rendant la clef.*

Hé! monsieur, rêvez-vous? Je n'aurais pas cent francs de tout ce que vous dites; et, de plus, vous savez le peu de temps qu'on m'a donné.

GÉRONTE.

Mais que diable allait-il faire dans cette galère?

SCAPIN.

Oh! que de paroles perdues! Laissez là cette galère, et songez que le temps presse, et que vous courez risque de perdre votre fils. Hélas! mon pauvre maître, peut-être que je ne te verrai de ma vie, et qu'à l'heure que je parle on t'emmène esclave en Alger! Mais le ciel me sera témoin que j'ai fait pour toi tout ce que j'ai pu, et que, si tu manques à être racheté, il n'en faut accuser que le peu d'amitié d'un père.

GÉRONTE.

Attends, Scapin, je m'en vais quérir cette somme.

SCAPIN.

Dépêchez donc vîte, monsieur, je tremble que l'heure ne sonne.

GÉRONTE.

N'est-ce pas quatre cents écus que tu dis?

SCAPIN.

Non, cinq cents écus.

GÉRONTE.

Cinq cents écus.

SCAPIN.

Oui.

GÉRONTE.

Que diable allait-il faire dans cette galère?

SCAPIN.

Vous avez raison : mais hâtez-vous.

GÉRONTE.

N'y avait-il point d'autre promenade?

SCAPIN.

Cela est vrai : mais faites promptement.

GÉRONTE.

Ah! maudite galère!

ACTE II, SCÈNE XI.

SCAPIN, *à part.*

Cette galère lui tient au cœur.

GÉRONTE.

Tiens, Scapin, je ne me souvenais pas que je viens justement de recevoir cette somme en or; et je ne croyais pas qu'elle dût m'être sitôt ravie. (*tirant sa bourse de sa poche, et la présentant à Scapin.*) Tiens, va-t'en racheter mon fils.

SCAPIN, *tendant la main.*

Oui, monsieur.

GÉRONTE, *retenant sa bourse, qu'il fait semblant de vouloir donner à Scapin.*

Mais dis à ce Turc que c'est un scélérat.

SCAPIN, *tendant encore la main.*

Oui.

GÉRONTE, *recommençant la même action.*

Un infâme.

SCAPIN, *tendant toujours la main.*

Oui.

GÉRONTE, *de même.*

Un homme sans foi, un voleur.

SCAPIN.

Laissez-moi faire.

GÉRONTE, *de même.*

Qu'il me tire cinq cents écus contre toute sorte de droit.

SCAPIN.

Oui.

GÉRONTE, *de même.*

Que je ne les lui donne ni à la mort ni à la vie.

SCAPIN.

Fort bien.

GÉRONTE, *de même.*

Et que, si jamais je l'attrappe, je saurai me venger de lui.

SCAPIN.

Oui.

GÉRONTE, *remettant sa bourse dans sa poche, et s'en allant.*

Va, va vîte requérir mon fils.

SCAPIN, *courant après Géronte.*

Holà, monsieur.

GÉRONTE.

Quoi?

SCAPIN.

Où est donc cet argent?

GÉRONTE.

Ne te l'ai-je pas donné?

SCAPIN.

Non vraiment; vous l'avez remis dans votre poche.

GÉRONTE.

Ah! c'est la douleur qui me trouble l'esprit.

SCAPIN.

Je le vois bien.

GÉRONTE.

Que diable allait-il faire dans cette galère? Ah! maudite galère! traître de Turc, à tous les diables!

SCAPIN, *seul.*

Il ne peut digérer les cinq cents écus que je lui

arrache ; mais il n'est pas quitte envers moi ; et je veux qu'il me paie en une autre monnaie l'imposture qu'il m'a faite auprès de son fils.

SCÈNE XII.
OCTAVE, LÉANDRE, SCAPIN.

OCTAVE.

Hé bien ! Scapin, as-tu réussi pour moi dans ton entreprise ?

LÉANDRE.

As-tu fait quelque chose pour tirer mon amour de la peine où il est ?

SCAPIN, *à Octave.*

Voilà deux cents pistoles que j'ai tirées de votre père.

OCTAVE.

Ah ! que tu me donnes de joie !

SCAPIN, *à Léandre.*

Pour vous, je n'ai pu faire rien.

LÉANDRE, *voulant s'en aller.*

Il faut donc que j'aille mourir ; et je n'ai que faire de vivre, si Zerbinette m'est ôtée.

SCAPIN.

Holà, holà, tout doucement. Comme diantre vous allez vite !

LÉANDRE, *se retournant.*

Que veux-tu que je devienne ?

SCAPIN.
Allez, j'ai votre affaire ici.
LÉANDRE.
Ah! tu me redonnes la vie.
SCAPIN.
Mais à condition que vous me permettrez, à moi, une petite vengeance contre votre père, pour le tour qu'il m'a fait.
LÉANDRE.
Tout ce que tu voudras.
SCAPIN.
Vous me le promettez devant témoin?
LÉANDRE.
Oui.
SCAPIN.
Tenez, voilà cinq cents écus.
LÉANDRE.
Allons-en promptement acheter celle que j'adore.

FIN DU SECOND ACTE.

ACTE TROISIÈME.

SCÈNE I.

ZERBINETTE, HYACINTHE, SCAPIN, SILVESTRE.

SILVESTRE.

Oui, vos amants ont arrêté entre eux que vous fussiez ensemble; et nous nous acquittons de l'ordre qu'ils nous ont donné.

HYACINTHE, *à Zerbinette.*

Un tel ordre n'a rien qui ne me soit fort agréable. Je reçois avec joie une compagne de la sorte; et il ne tiendra pas à moi que l'amitié qui est entre les personnes que nous aimons ne se répande entre nous deux.

ZERBINETTE.

J'accepte la proposition, et ne suis point personne à reculer, lorsqu'on m'attaque d'amitié.

SCAPIN.

Et lorsque c'est d'amour qu'on vous attaque ?

ZERBINETTE.

Pour l'amour, c'est une autre chose : on y court un peu plus de risque, et je n'y suis pas si hardie.

SCAPIN.

Vous l'êtes, que je crois, contre mon maître,

maintenant; et ce qu'il vient de faire pour vous doit vous donner du cœur pour répondre comme il faut à sa passion.

ZERBINETTE.

Je ne m'y fie encore que de la bonne sorte; et ce n'est pas assez pour m'assurer entièrement, que ce qu'il vient de faire. J'ai l'humeur enjouée, et sans cesse je ris : mais, tout en riant, je suis sérieuse sur de certains chapitres; et ton maître s'abusera, s'il croit qu'il lui suffise de m'avoir achetée pour me voir toute à lui. Il doit lui en coûter autre chose que de l'argent; et pour répondre à son amour de la manière qu'il souhaite, il me faut un don de sa foi, qui soit assaisonné de certaines cérémonies qu'on trouve nécessaires.

SCAPIN.

C'est là aussi comme il l'entend. Il ne prétend à vous qu'en tout bien et en tout honneur ; et je n'aurais pas été homme à me mêler de cette affaire, s'il avait une autre pensée.

ZERBINETTE.

C'est ce que je veux croire, puisque vous me le dites; mais, du côté du père, j'y prévois des empêchements.

SCAPIN.

Nous trouverons moyen d'accommoder les choses.

HYACINTHE, *à Zerbinette.*

La ressemblance de nos destins doit contribuer encore à faire naître notre amitié; et nous nous voyons toutes deux dans les mêmes alarmes, toutes deux exposées à la même infortune.

ZERBINETTE.

Vous avez cet avantage au moins, que vous savez de qui vous êtes née, et que l'appui de vos parents, que vous pouvez faire connaître, est capable d'ajuster tout, peut assurer votre bonheur, et faire donner un consentement au mariage qu'on trouve fait. Mais, pour moi, je ne rencontre aucun secours dans ce que je puis être; et l'on me voit dans un état qui n'adoucira pas les volontés d'un père qui ne regarde que le bien.

HYACINTHE.

Mais aussi avez-vous cet avantage, que l'on ne tente point par un autre parti celui que vous aimez.

ZERBINETTE.

Le changement du cœur d'un amant n'est pas ce qu'on peut le plus craindre. On se peut naturellement croire assez de mérite pour garder sa conquête; et ce que je vois de plus redoutable dans ces sortes d'affaires, c'est la puissance paternelle, auprès de qui tout le mérite ne sert de rien.

HYACINTHE.

Hélas! pourquoi faut-il que de justes inclinations se trouvent traversées! La douce chose que d'aimer, lorsque l'on ne voit point d'obstacle à ces aimables chaînes, dont deux cœurs se lient ensemble!

SCAPIN.

Vous vous moquez; la tranquillité en amour est

un calme désagréable. Un bonheur tout uni nous devient ennuyeux, il faut du haut et du bas dans la vie ; et les difficultés qui se mêlent aux choses réveillent les ardeurs, augmentent les plaisirs.

ZERBINETTE.

Mon dieu ! Scapin, fais-nous un peu ce récit, qu'on m'a dit qui est si plaisant, du stratagême dont tu t'es avisé pour tirer de l'argent de ton vieillard avare ! tu sais qu'on ne perd point sa peine lorsqu'on me fait un conte, et que je le paie assez bien par la joie qu'on m'y voit prendre.

SCAPIN.

Voilà Silvestre qui s'en acquittera aussi bien que moi. J'ai dans la tête certaine petite vengeance, dont je vais goûter le plaisir.

SILVESTRE.

Pourquoi, de gaîté de cœur, veux-tu chercher à t'attirer de méchantes affaires ?

SCAPIN.

Je me plais à tenter des entreprises hasardeuses.

SILVESTRE.

Je te l'ai déjà dit, tu quitterais le dessein que tu as, si tu m'en voulais croire.

SCAPIN.

Oui ; mais c'est moi que j'en croirai.

SILVESTRE.

A quoi diable te vas-tu amuser ?

SCAPIN.

De quoi diable te mets-tu en peine ?

SILVESTRE.

C'est que je vois que, sans nécessité, tu vas courir risque de t'attirer une venue de coups de bâton.

SCAPIN.

Hé bien! c'est aux dépens de mon dos, et non pas du tien.

SILVESTRE.

Il est vrai que tu es maître de tes épaules, et tu en disposeras comme il te plaira.

SCAPIN.

Ces sortes de périls ne m'ont jamais arrêté; et je hais ces cœurs pusillanimes qui, pour trop prévoir les suites des choses, n'osent rien entreprendre.

ZERBINETTE, *à Scapin.*

Nous aurons besoin de tes soins.

SCAPIN.

Allez. Je vous irai bientôt rejoindre. Il ne sera pas dit qu'impunément on m'ait mis en état de me trahir moi-même, et de découvrir des secrets qu'il était bon qu'on ne sût pas.

SCÈNE II.

GÉRONTE, SCAPIN.

GÉRONTE.

Hé bien, Scapin, comment va l'affaire de mon fils?

SCAPIN.

Votre fils, monsieur, est en lieu de sûreté : mais vous courez maintenant, vous, le péril le plus grand du monde, et je voudrais pour beaucoup que vous fussiez dans votre logis.

GÉRONTE.

Comment donc?

SCAPIN.

A l'heure que je parle, on vous cherche de toutes parts pour vous tuer.

GÉRONTE.

Moi?

SCAPIN.

Oui.

GÉRONTE.

Et qui?

SCAPIN.

Le frère de cette personne qu'Octave a épousée. Il croit que le dessein que vous avez de mettre votre fille à la place que tient sa sœur est ce qui pousse le plus fort à faire rompre leur mariage; et, dans cette pensée, il a résolu hautement de décharger son désespoir sur vous, et de vous ôter la vie pour venger son honneur. Tous ses amis, gens d'épée comme lui, vous cherchent de tous les côtés, et demandent de vos nouvelles. J'ai vu même de çà et de là des soldats de sa compagnie, qui interrogent ceux qu'ils trouvent, et occupent par pelotons toutes les avenues de votre maison; de sorte que vous ne sauriez aller chez vous, vous ne sauriez faire un pas ni à droite ni à gauche, que vous ne tombiez dans leurs mains.

ACTE III, SCÈNE II.

GÉRONTE.

Que ferai-je, mon pauvre Scapin ?

SCAPIN.

Je ne sais pas, monsieur ; et voici une étrange affaire. Je tremble pour vous depuis les pieds jusqu'à la tête, et..... Attendez. (*Scapin faisant semblant d'aller voir au fond du théâtre s'il n'y a personne*).

GÉRONTE, *en tremblant*.

Hé ?

SCAPIN.

Non, non, non, ce n'est rien.

GÉRONTE.

Ne saurais-tu trouver quelque moyen pour me tirer de peine ?

SCAPIN.

J'en imagine bien un ; mais je courrais risque, moi, de me faire assommer.

GÉRONTE.

Hé ! Scapin, montre-toi serviteur zélé. Ne m'abandonne pas, je te prie.

SCAPIN.

Je le veux bien. J'ai une tendresse pour vous, qui ne saurait souffrir que je vous laisse sans secours.

GÉRONTE.

Tu en seras récompensé, je t'assure ; et je te promets cet habit-ci, quand je l'aurai un peu usé.

SCAPIN.

Attendez. Voici une affaire que j'ai trouvée fort

à propos pour vous sauver. Il faut que vous vous mettiez dans un sac, et que....

GÉRONTE, *croyant voir quelqu'un.*
Ah !

SCAPIN.
Non, non, non, non, ce n'est personne. Il faut, dis-je, que vous vous mettiez là-dedans, et que vous vous gardiez de remuer en aucune façon. Je vous chargerai sur mon dos, comme un paquet de quelque chose ; et je vous porterai ainsi, au travers de vos ennemis, jusques dans votre maison, où, quand nous serons une fois, nous pourrons nous barricader, et envoyer quérir main-forte contre la violence.

GÉRONTE.
L'intention est bonne.

SCAPIN.
La meilleure du monde. Vous allez voir. *(à part.)* Tu me paieras l'imposture.

GÉRONTE.
Hé ?

SCAPIN.
Je dis que vos ennemis seront bien attrapés. Mettez-vous bien jusqu'au fond ; et sur-tout prenez garde de ne vous point montrer, et de ne branler pas, quelque chose qui puisse arriver.

GÉRONTE.
Laisse-moi faire, je saurai me tenir.

SCAPIN.
Cachez-vous. Voici un spadassin qui vous cher-

che. (en contrefaisant sa voix.) Quoi ! je n'aurai pas l'abantage dé tué ce Géronte ? et quelqu'un, par charité, ne m'enseignéra pas où il est? (à Géronte, avec sa voix ordinaire.) Ne branlez pas. Cadédis, jé lé troubérai, sé cachât-il au centre dé la terre. (à Géronte, avec son ton naturel.) Ne vous montrez pas. Oh! l'homme au sac? Monsieur. Jé té vaille un louis, et m'enseigne où peut-être Géronte. Vous cherchez le seigneur Géronte? Oui, mordi, jé lé cherche. Et pour quelle affaire, monsieur? Pour quelle affaire? Oui. Jé beux, cadédis, lé faere mourir sous les coups dé vaton. Oh! monsieur, les coups de bâton ne se donnent point à des gens comme lui, et ce n'est pas un homme à être traité de la sorte. Qui? cé fat de Géronte, cé maraud, cé vélître? Le seigneur Géronte, monsieur, n'est ni fat, ni maraud, ni bélître; et vous devriez, s'il vous plaît, parler d'autre façon. Comment! tu mé traites à moi avec cette hauteur? Je défends, comme je dois, un homme d'honneur qu'on offense. Est-ce que tu es des amis dé cé Géronte? Oui, monsieur, j'en suis. Ah! cadédis, tu es dé ses amis : à la vonne hure. (donnant plusieurs coups de bâton sur le sac.) Tiens, boilà cé qué jé té vaille pour lui. (criant comme s'il recevait les coups de bâton.) Ah! ah! ah! ah! ah! monsieur! Ah! ah! monsieur! tout beau! Ah! doucement! Ah! ah! ah! ah! Va, porté-lui céla dé ma part. Adiusias. Ah! diable soit le Gascon! Ah!

GÉRONTE, *mettant la tête hors du sac.*

Ah! Scapin, je n'en puis plus.

SCAPIN.

Ah! monsieur, je suis tout moulu, et les épaules me font un mal épouvantable.

GÉRONTE.

Comment! c'est sur les miennes qu'il a frappé.

SCAPIN.

Nenni, monsieur; c'était sur mon dos qu'il frappait.

GÉRONTE.

Que veux-tu dire? J'ai bien senti les coups, et les sens bien encore.

SCAPIN.

Non, vous dis-je, ce n'est que le bout du bâton qui a été jusques sur vos épaules.

GÉRONTE.

Tu devais donc te retirer un peu plus loin, pour m'épargner...

SCAPIN, *faisant remettre Géronte dans le sac.*

Prenez garde. En voici un autre qui a la mine d'un étranger. *Parti, courir moi comme une Basque, et moi ne pouvre point trouvair de tout le jour sti tiable de Géronte!* Cachez-vous bien. *Dites un peu moi, fous, monsieur l'homme, s'il ve plaît; fous savoir point où l'est sti Géronte que moi cherchir?* Non, monsieur, je ne sais point où est Géronte. *Dites-moi-le, fous, franchemente; moi li vouloir pas grande chose à lui. L'est seulemente pour li donnair une petite régale sur le dos d'une douzaine de coups de bâtonne, et de trois ou quatre petites coups d'épée au trafers de son poitrine.* Je vous assure, monsieur, que je ne sais pas où il est. *Il me semble que ji foi renuair quelque chose dans sti sac.* Pardonnez-moi, monsieur. *Li est assurément quelque histoire là tetans.* Point du tout, monsieur. *Moi l'avoir enfie de tonner ain coup d'épée dans sti sac.* Ah! monsieur, gardez-vous-en bien. *Montre-le moi un peu, fous, ce que c'estre là.* Tout beau, monsieur. *Quement, tout beau!* Vous n'avez que faire de vouloir voir ce que je porte. *Et moi je le fouloir foir, moi.* Vous ne le verrez point. *Ah! que de badinemente!* Ce sont hardes qui m'appartiennent. *Montre-moi, fous, le dis-je.* Je n'en ferai rien. *Toi n'en faire rien?* Non. *Moi pailler de ste bâtonne sur les épaules de toi.* Je me moque de cela. *Ah! toi faire le trôle. (donnant des coups de bâton sur le sac, et criant comme s'il les recevait).* Ah! ah! ah! ah! monsieur! Ah! ah! ah! ah! *Jusqu'au refoir; l'être là un petit leçon pour li apprendre à toi à parler insolentement.* Ah! peste soit du baragouineux! Ah!

GÉRONTE, *sortant sa tête hors du sac.*
Ah! je suis roué.

SCAPIN.
Ah! je suis mort.

GÉRONTE.
Pourquoi diantre faut-il qu'ils frappent sur mon dos?

SCAPIN, *lui remettant la tête dans le sac.*
Prenez garde, voici une demi-douzaine de soldats tous ensemble. (*contrefaisant la voix de plusieurs personnes.*) Allons, tâchons à trouver ce Géronte, cherchons par-tout. N'épargnons point nos pas. Courons toute la ville. N'oublions aucun lieu. Visitons tout. Furetons de tous les côtés. Par où irons-nous ? Tournons par-là. Non, par ici. A gauche. A droite. Nenni. Si fait. (*à Géronte, avec sa voix ordinaire.*) Cachez-vous bien. Ah ! camarades, voici son valet. Allons, coquin, il faut que tu nous enseignes où est ton maître. Hé ! messieurs, ne me maltraitez pas. Allons, dis-nous où il est. Parle. Hâte-toi. Expédions. Dépêche vîte. Tôt. Hé ! messieurs, doucement. (*Géronte met doucement la tête hors du sac, et aperçoit la fourberie de Scapin.*) Si tu ne nous fais trouver ton maître tout-à-l'heure, nous allons faire pleuvoir sur toi une ondée de coups de bâton. J'aime mieux souffrir toute chose que de vous découvrir mon maître. Nous allons t'assommer. Faites tout ce qu'il vous plaira. Tu as envie d'être battu ! Je ne trahirai pas mon maître. Ah ! tu en veux tâter ! Voilà... Oh ! (*Comme il est près de frapper, Géronte sort du sac, et Scapin s'enfuit.*)

GÉRONTE, *seul.*
Ah ! infâme ! Ah ! traître ! Ah ! scélérat ! C'est ainsi que tu m'assassines !

SCÈNE III.

ZERBINETTE, GÉRONTE.

ZERBINETTE, *riant sans voir Géronte.*
Ah! ah! je veux prendre un peu l'air.
GÉRONTE, *à part, sans voir Zerbinette.*
Tu me le paieras, je te jure.
ZERBINETTE, *sans voir Géronte.*
Ah! ah! ah! ah! la plaisante histoire! et la bonne dupe que ce vieillard!
GÉRONTE.
Il n'y a rien de plaisant à cela, et vous n'avez que faire d'en rire.
ZERBINETTE.
Quoi? Que voulez-vous dire, monsieur?
GÉRONTE.
Je veux dire que vous ne devez pas vous moquer de moi.
ZERBINETTE.
De vous?
GÉRONTE.
Oui.
ZERBINETTE.
Comment! Qui songe à se moquer de vous?
GÉRONTE.
Pourquoi venez-vous ici me rire au nez?
ZERBINETTE.
Cela ne vous regarde point, et je ris toute seule d'un conte qu'on vient de me faire, le plus plaisant

qu'on puisse entendre. Je ne sais pas si c'est parce que je suis intéressée dans la chose ; mais je n'ai jamais trouvé rien de si drôle qu'un tour qui vient d'être joué par un fils à son père, pour en attraper de l'argent.

GÉRONTE.

Par un fils à son père pour en attraper de l'argent ?

ZERBINETTE.

Oui. Pour peu que vous me pressiez, vous me trouverez assez disposée à vous dire l'affaire ; et j'ai une démangeaison naturelle à faire part des contes que je sais.

GÉRONTE.

Je vous prie de me dire cette histoire.

ZERBINETTE.

Je le veux bien. Je ne risquerai pas grand'chose à vous la dire, et c'est une aventure qui n'est pas pour être long-temps secrète. La destinée a voulu que je me trouvasse parmi une bande de ces personnes qu'on appelle Égyptiens, et qui, rôdant de province en province, se mêlent de dire la bonne fortune, et quelquefois de beaucoup d'autres choses. En arrivant dans cette ville, un jeune homme me vit, et conçut pour moi de l'amour. Dès ce moment, il s'attache à mes pas ; et le voilà d'abord comme tous les jeunes gens, qui croient qu'il n'y a qu'à parler, et qu'au moindre mot qu'ils nous disent, leurs affaires sont faites : mais il trouva une fierté qui lui fit un peu corriger ses premières pensées. Il fit connaître sa passion aux gens qui me tenaient, et il les trouva disposés à me laisser à lui, moyennant quelque somme. Mais le mal de l'affaire était que mon amant se trouvait dans l'état où l'on voit très-souvent la plupart des fils de famille, c'est-à-dire qu'il était un peu dénué d'argent. Il a un père qui, quoique riche, est un avaricieux fieffé, le plus vilain homme du monde. Attendez. Ne me saurais-je souvenir de son nom ? Ah ! aidez-moi un peu : ne pouvez-vous me nommer quelqu'un de cette ville qui soit connu pour être avare au dernier point ?

GÉRONTE.

Non.

ZERBINETTE.

Il y a à son nom du ron.... ronte. O.... Oronte. Non. Gé... Géronte. Oui, Géronte, justement ; voilà mon vilain, je l'ai trouvé, c'est ce ladre-là que je dis. Pour venir à notre conte, nos gens ont voulu aujourd'hui partir de cette ville ; et mon amant m'allait perdre, faute d'argent, si, pour en tirer de son père, il n'avait trouvé du secours dans l'industrie d'un serviteur qu'il a. Pour le nom du serviteur, je le sais à merveille ; il s'appelle Scapin : c'est un homme incomparable, et il mérite toutes les louanges que l'on peut donner.

GÉRONTE, *à part.*

Ah ! coquin que tu es !

ZERBINETTE.

Voici le stratagême dont il s'est servi pour attraper sa dupe. Ah ! ah ! ah ! ah ! je ne saurais m'en souvenir, que je ne rie de tout mon cœur. Ah! ah! ah! Il est allé trouver ce chien d'avare, ah! ah! ah! et lui a dit qu'en se promenant sur le port avec son fils, hi! hi! ils avaient vu une galère turque, où on les avait invités d'entrer; qu'un jeune Turc leur y avait donné la collation; ah! que, tandis qu'ils mangeaient, on avait mis la galère en mer, et que le Turc l'avait renvoyé lui seul à terre dans un esquif, avec ordre de dire au père de son maître qu'il emmenait son fils en Alger, s'il ne lui envoyait tout-à-l'heure cinq cents écus. Ah! ah! ah! Voilà mon ladre, mon vilain, dans de furieuses angoisses; et la tendresse qu'il a pour son fils fait un combat étrange avec son avarice. Cinq cents écus qu'on lui demande sont justement cinq cents coups de poignard qu'on lui donne. Ah! ah! ah! Il ne peut se résoudre à tirer cette somme de ses entrailles; et la peine qu'il souffre lui fait trouver cent moyens ridicules pour ravoir son fils. Ah! ah! ah! Il veut envoyer la justice en mer après la galère du Turc. Ah! ah! ah! Il sollicite son valet de s'aller offrir à tenir la place de son fils, jusqu'à ce qu'il ait amassé l'argent qu'il n'a pas envie de donner. Ah! ah! ah! Il abandonne, pour faire les cinq cents écus, quatre ou cinq vieux habits qui n'en valent pas trente. Ah! ah! ah! Le valet lui fait comprendre à tous coups l'impertinence de ses propositions, et chaque réflexion est douloureusement accompagnée d'un Mais que diable allait-il faire dans cette galère? Ah! maudite galère! Traître de Turc ! Enfin, après plusieurs détours, après avoir long-temps gémi et soupiré... Mais il me semble que vous ne riez point de mon conte. Qu'en dites-vous ?

GÉRONTE.

Je dis que le jeune homme est un pendard, un insolent, qui sera puni par son père du tour qu'il lui a fait ; que l'Egyptienne est une mal-avisée, une impertinente, de dire des injures à un homme d'honneur, qui saura lui apprendre à venir ici débaucher les enfants de famille ; et que le valet est un scélérat, qui sera par Géronte envoyé au gibet avant qu'il soit demain.

SCÈNE IV.
ZERBINETTE, SILVESTRE.

SILVESTRE.

Où est-ce donc que vous vous échappez ? Savez-vous bien que vous venez de parler là au père de votre amant ?

ZERBINETTE.

Je viens de m'en douter, et je me suis adressée à lui-même, sans y penser, pour lui conter son histoire.

SILVESTRE.

Comment, son histoire ?

ZERBINETTE.

Oui : j'étais toute remplie du conte, et je brûlais de le redire. Mais qu'importe ? Tant pis pour lui. Je ne vois pas que les choses pour nous en puissent être ni pis ni mieux.

SILVESTRE.

Vous aviez grande envie de babiller; et c'est avoir bien de la langue, que de ne pouvoir se taire des propres affaires.

ZERBINETTE.

N'aurait-il pas appris cela de quelque autre?

SCÈNE V.

ARGANTE, ZERBINETTE, SILVESTRE.

ARGANTE, *derrière le théâtre*.

Holà, Silvestre.

SILVESTRE, *à Zerbinette*.

Rentrez dans la maison. Voilà mon maître qui m'appelle.

SCÈNE VI.

ARGANTE, SILVESTRE.

ARGANTE.

Vous vous êtes donc accordés, coquins, vous vous êtes accordés, Scapin, vous, et mon fils, pour me fourber! et vous croyez que je l'endure?

SILVESTRE.

Ma foi, monsieur, si Scapin vous fourbe, je m'en lave les mains, et vous assure que je n'y trempe en aucune façon.

ARGANTE.

Nous verrons cette affaire, pendard, nous verrons cette affaire; et je ne prétends pas qu'on me fasse passer la plume par le bec.

SCÈNE VII.

GÉRONTE, ARGANTE, SILVESTRE.

GÉRONTE.

Ah! seigneur Argante, vous me voyez accablé de disgrace.

ARGANTE.

Vous me voyez aussi dans un accablement horrible.

GÉRONTE.

Le pendard de Scapin, par une fourberie, m'a attrapé cinq cents écus,

ARGANTE.

Le même pendard de Scapin, par une fourberie aussi, m'a attrapé deux cents pistoles.

GÉRONTE.

Il ne s'est pas contenté de m'attraper cinq cents écus, il m'a traité d'une manière que j'ai honte de dire. Mais il me la paiera.

ARGANTE.

Je veux qu'il me fasse raison de la pièce qu'il m'a jouée.

GÉRONTE.

Et je prétends faire de lui une vengeance exemplaire.

SILVESTRE, *à part.*

Plaise au ciel que, dans tout ceci, je n'aie point ma part!

GÉRONTE.

Mais ce n'est pas encore tout, seigneur Argante, et un malheur nous est toujours l'avant-coureur d'un autre. Je me réjouissais aujourd'hui de l'espérance d'avoir ma fille, dont je faisais toute ma consolation ; et je viens d'apprendre de mon homme qu'elle est partie il y a long-temps de Tarente, et qu'on y croit qu'elle a péri dans le vaisseau où elle s'embarqua.

ARGANTE.

Mais pourquoi, s'il vous plaît, la tenir à Tarente, et ne vous être pas donné la joie de l'avoir avec vous?

GÉRONTE.

J'ai eu mes raisons pour cela ; et des intérêts de famille m'ont obligé jusqu'ici à tenir fort secret ce second mariage. Mais que vois-je?

SCÈNE VIII.

ARGANTE, GÉRONTE, NÉRINE, SILVESTRE.

GÉRONTE.

Ah! te voilà, nourrice!

NÉRINE, *se jetant aux genoux de Géronte.*

Ah! seigneur Pandolphe, que...

GÉRONTE.

Appelle-moi Géronte, et ne te sers plus de ce nom : les raisons ont cessé qui m'avaient obligé à le prendre parmi vous à Tarente.

ACTE III, SCÈNE VIII.

NÉRINE.

Las! que ce changement de nom nous a causé de troubles et d'inquiétudes dans les soins que nous avons pris de vous venir chercher ici!

GÉRONTE.

Où est ma fille et sa mère?

NÉRINE.

Votre fille, monsieur, n'est pas loin d'ici; mais, avant que de vous la faire voir, il faut que je vous demande pardon de l'avoir mariée, dans l'abandonnement où, faute de vous rencontrer, je me suis trouvée avec elle.

GÉRONTE.

Ma fille mariée?

NÉRINE.

Oui, monsieur.

GÉRONTE.

Et avec qui?

NÉRINE.

Avec un jeune homme nommé Octave, fils d'un certain seigneur Argante.

GÉRONTE.

O ciel!

ARGANTE.

Quelle rencontre!

GÉRONTE.

Mène-nous, mène-nous promptement où elle est.

NÉRINE.

Vous n'avez qu'à entrer dans ce logis.

GÉRONTE.

Passe devant. Suivez-moi, suivez-moi, seigneur Argante.

SILVESTRE, *seul.*

Voilà une aventure qui est tout-à-fait surprenante.

SCÈNE IX.

SCAPIN, SILVESTRE.

SCAPIN.

Hé bien ! Silvestre, que font nos gens ?

SILVESTRE.

J'ai deux avis à te donner. L'un que l'affaire d'Octave est accommodée : notre Hyacinthe s'est trouvée la fille du seigneur Géronte ; et le hasard a fait ce que la prudence des pères avait délibéré. L'autre avis, c'est que les deux vieillards font contre toi des menaces épouvantables, et sur-tout le seigneur Géronte.

SCAPIN.

Cela n'est rien. Les menaces ne m'ont jamais fait mal : et ce sont des nuées qui passent bien loin sur nos têtes.

SILVESTRE.

Prends garde à toi ; les fils se pourraient bien raccommoder avec les pères, et toi demeurer dans la nasse.

SCAPIN.

Laisse-moi faire, je trouverai moyen d'appaiser leur courroux ; et...

SILVESTRE.
Retire-toi ; les voilà qui sortent.

SCÈNE X.

GÉRONTE, ARGANTE, HYACINTHE, ZERBINETTE, NÉRINE, SILVESTRE.

GÉRONTE.

Allons, ma fille, venez chez moi. Ma joie aurait été parfaite si j'avais pu voir votre mère avec vous

ARGANTE.

Voici Octave tout-à-propos.

SCÈNE XI.

ARGANTE, GÉRONTE, HYACINTHE, OCTAVE, ZERBINETTE, SILVESTRE, NÉRINE.

ARGANTE.

Venez, mon fils, venez vous réjouir avec nous de l'heureuse aventure de votre mariage. Le ciel...

OCTAVE.

Non, mon père, toutes vos propositions de mariage ne serviront de rien. Je dois lever le masque avec vous, et l'on vous a dit mon engagement.

ARGANTE.

Oui. Mais tu ne sais pas...

OCTAVE.

Je sais tout ce qu'il faut savoir.

ARGANTE.

Je te veux dire que la fille du seigneur Géronte...

OCTAVE.

La fille du seigneur Géronte ne me sera jamais de rien.

GÉRONTE.

C'est elle...

OCTAVE, *à Géronte.*

Non, monsieur, je vous demande pardon : mes résolutions sont prises.

SILVESTRE, *à Octave.*

Ecoutez.

OCTAVE.

Non, tais-toi, je n'écoute rien.

ARGANTE, *à Octave.*

Ta femme...

OCTAVE.

Non, vous dis-je, mon père; je mourrai plutôt que de quitter mon aimable Hyacinthe. Oui, vous avez beau faire, la voilà celle à qui ma foi (*traversant le théâtre pour se mettre à côté d'Hyacinthe.*) est engagée; je l'aimerai toute ma vie, et je ne veux point d'autre femme.

ARGANTE.

Hé bien! C'est elle qu'on te donne. Quel diable d'étourdi qui suit toujours sa pointe!

HYACINTHE, *montrant Géronte.*

Oui, Octave, voilà mon père que j'ai trouvé; et nous nous voyons hors de peine.

ACTE III, SCÈNE XI.

GÉRONTE.

Allons chez moi, nous serons mieux qu'ici pour nous entretenir.

HYACINTHE, *montrant Zerbinette.*

Ah! mon père, je vous demande par grâce que je ne sois point séparée de l'aimable personne que vous voyez. Elle a un mérite qui vous fera concevoir de l'estime pour elle, quand il sera connu de vous.

GÉRONTE.

Tu veux que je tienne chez moi une personne qui est aimée de ton frère, et qui m'a dit tantôt au nez mille sottises de moi-même?

ZERBINETTE.

Monsieur, je vous prie de m'excuser. Je n'aurais pas parlé de la sorte, si j'avais su que c'était vous; et je ne vous connaissais que de réputation.

GÉRONTE.

Comment! que de réputation?

HYACINTHE.

Mon père, la passion que mon frère a pour elle n'a rien de criminel, et je réponds de sa vertu.

GÉRONTE.

Voilà qui est fort bien. Ne voudrait-on point que je mariasse mon fils avec elle? une fille inconnue, qui fait le métier de coureuse?

SCÈNE XII.

ARGANTE, GÉRONTE, HYACINTHE, ZERBINETTE, LÉANDRE, OCTAVE, NÉRINE, SILVESTRE.

LÉANDRE.

Mon père, ne vous plaignez point que j'aime une inconnue sans naissance et sans bien. Ceux de qui je l'ai rachetée viennent de me découvrir qu'elle est de cette ville, et d'honnête famille ; que ce sont eux qui l'y ont dérobée à l'âge de quatre ans : et voici un bracelet qu'ils m'ont donné, qui pourra nous aider à trouver ses parents.

ARGANTE.

Hélas ! à voir ce bracelet, c'est ma fille, que je perdis à l'âge que vous dites.

GÉRONTE.

Votre fille ?

ARGANTE.

Oui, ce l'est ; et j'y vois tous les traits qui m'en peuvent rendre assuré.

HYACINTHE.

O ciel ! que d'aventures extraordinaires !

SCÈNE XIII.

ARGANTE, GÉRONTE, HYACINTHE, ZERBINETTE, LÉANDRE, OCTAVE, NÉRINE, SILVESTRE, CARLE.

CARLE.

Ah! messieurs, il vient d'arriver un accident étrange.

GÉRONTE.

Quoi?

CARLE.

Le pauvre Scapin...

GÉRONTE.

C'est un coquin que je veux faire pendre.

CARLE.

Hélas! monsieur, vous ne serez pas en peine de cela. En passant contre un bâtiment, il lui est tombé sur la tête un marteau de tailleur de pierre, qui lui a brisé l'os et découvert toute la cervelle. Il se meurt, et il a prié qu'on l'apportât ici pour vous pouvoir parler avant que de mourir.

ARGANTE.

Où est-il?

CARLE.

Le voilà.

SCÈNE XIV.

ARGANTE, GÉRONTE, HYACINTHE, ZERBINETTE, LEANDRE, OCTAVE, NÉRINE, SCAPIN, SILVESTRE, CARLE.

SCAPIN, *apporté par deux hommes, et la tête entourée de linge, comme s'il avait été blessé.*

Ah! ah! messieurs, vous me voyez... ah! vous me voyez dans un étrange état!... Ah! je n'ai pas voulu mourir, sans venir demander pardon à toutes les personnes que je puis avoir offensées. Ah! oui, messieurs, avant que de rendre le dernier soupir, je vous conjure de tout mon cœur de vouloir me pardonner tout ce que je puis vous avoir fait, et principalement le seigneur Argante et le seigneur Géronte. Ah!

ARGANTE.

Pour moi, je te pardonne; va, meurs en repos.

SCAPIN, *à Géronte.*

C'est vous, monsieur, que j'ai le plus offensé par les coups de bâton que...

GÉRONTE.

Ne parle point davantage, je te pardonne aussi.

SCAPIN.

Ç'a été une témérité bien grande à moi, que les coups de bâton que je...

GÉRONTE.

Laissons cela.

ACTE III, SCÈNE XIV.

SCAPIN.

J'ai, en mourant, une douleur inconcevable des coups de bâton que...

GÉRONTE.

Mon dieu! tais-toi.

SCAPIN.

Les malheureux coups de bâton que je vous...

GÉRONTE.

Tais-toi, te dis-je; j'oublie tout.

SCAPIN.

Hélas! quelle bonté! Mais est-ce de bon cœur, monsieur, que vous me pardonnez ces coups de bâton que...

GÉRONTE.

Hé! oui. Ne parlons plus de rien; je te pardonne tout, voilà qui est fait.

SCAPIN.

Ah! monsieur, je me sens tout soulagé depuis cette parole.

GÉRONTE.

Oui, mais je te pardonne à la charge que tu mourras.

SCAPIN.

Comment, monsieur?

GÉRONTE.

Je me dédis de ma parole, si tu réchappes.

SCAPIN.

Ah! ah! voilà mes faiblesses qui me reprennent.

ARGANTE.

Seigneur Géronte, en faveur de notre joie, il faut lui pardonner sans condition.

GÉRONTE.

Soit.

ARGANTE.

Allons souper ensemble, pour mieux goûter notre plaisir.

SCAPIN.

Et moi, qu'on me porte au bout de la table, en attendant que je meure.

FIN DES FOURBERIES DE SCAPIN.

www.ingramcontent.com/pod-product-compliance
Lightning Source LLC
Chambersburg PA
CBHW071859160426
43198CB00011B/1164